企业海外经营的组织合法性研究

——基于社会网络视角

游锡火 著

QIYE HAIWAI JINGYING DE ZUZHI HEFAXING YANJIU

Jiyu Shehui Wangluo Shijiao

中国社会科学出版社

图书在版编目（CIP）数据

企业海外经营的组织合法性研究：基于社会网络视角/
游锡火著 . —北京：中国社会科学出版社，2018.8
ISBN 978 - 7 - 5203 - 2844 - 9

Ⅰ.①企… Ⅱ.①游… Ⅲ.①海外企业—企业经营
管理—研究—中国 Ⅳ.①F279.247

中国版本图书馆 CIP 数据核字（2018）第 160963 号

出 版 人	赵剑英
责任编辑	卢小生
责任校对	周晓东
责任印制	王 超

出 版	中国社会科学出版社
社 址	北京鼓楼西大街甲 158 号
邮 编	100720
网 址	http://www.csspw.cn
发 行 部	010 - 84083685
门 市 部	010 - 84029450
经 销	新华书店及其他书店

印 刷	北京明恒达印务有限公司
装 订	廊坊市广阳区广增装订厂
版 次	2018 年 8 月第 1 版
印 次	2018 年 8 月第 1 次印刷

开 本	710 × 1000 1/16
印 张	13.25
插 页	2
字 数	223 千字
定 价	58.00 元

摘　　要

在海外经营中，许多中国知名企业始终难以得到东道国消费者、社会公众以及当地政府等利益相关者的认可，对海外经营绩效产生了不利影响。充分考虑到中国企业的特殊性，本书试图从海外经营的社会网络视角分析中国企业海外经营的组织合法性生成机制，并分析组织合法性与海外经营绩效的关系。

围绕上述问题，本书分析了企业海外经营社会网络的构成、动态演化轨迹与演化动因，研究了企业海外经营的组织合法性内涵与维度，构建了社会网络与组织合法性生成的关系模型，以及组织合法性与海外经营绩效的关系模型，并以中国海外经营企业为样本收集数据，检验研究假设。实证研究发现：第一，中国企业海外经营社会网络各变量与组织合法性存在显著的正向关系。第二，海外经营认知在社会网络与组织合法性之间存在部分中介作用。中国企业的海外经营认知越强，组织合法性越高。第三，中国企业的关系能力越强，组织合法性越高。关系能力在海外经营社会网络与组织合法性之间存在部分中介作用。第四，企业所有权性质调节了海外经营社会网络与组织合法性之间的关系。第五，中国企业的组织合法性越高，海外经营绩效越好。

本书的创新主要体现在：第一，运用组织合法性理论解释中国企业海外经营的绩效问题。发展出组织合法性量表，提出并实证检验了组织合法性与海外经营绩效的关系假设。第二，从社会网络视角阐明中国企业海外经营组织合法性的生成机制。即中国企业通过融入东道国的社会网络，不仅可形成正确的海外经营认知，而且能通过经验学习，提升关系能力。第三，系统地发展了中国企业海外经营的社会网络理论。分析了中国企业海外经营的三种典型社会网络，系统地研究了中国企业海外经营社会网络的结构、资源与规范，并探讨了社会网络演化的轨迹与动因。第四，阐明了企业所有权性质对中国企业获取组织合法性的影响。研究发现，中外合资是中国企业当前在国际市场上通过社会网络获取组织合法性的最佳所有权方式，其次是国有性质的企业。这些对中国企业海外经营进入模式选择的实证检验，不仅证明了合资企业是海外经营初期的主导模式，而且从所有权性质角度解释了中国企业海外经营的组织合法性的差异问题。

关键词： 海外经营　中国企业　组织合法性　社会网络

Abstract

It has been very difficult for many Chinese famous companies to get the recognition of consumers, host governments and other stakeholders during their transnational operation. This problem has negative influence to Chinese companies' performance of oversea operation. Considering fully the characteristics of Chinese companies, this article tries to analyze formation mechanism of organizational legitimacy from the view of social network and analyze the relationship between organizational legitimacy and performance of oversea operation.

In order to analyze the key issues this book firstly analyzes the composition of Chinese companies' oversea operation social network, social network evolution and internal driving powers. Sequentialy, this article analyzes the connotation and dimension of organizational legitimacy of Chinese companies' oversea operation. By theoretical analysis, this article constructs the relationship model of social network and formation mechanism of organizational legitimacy, and constructs the relationship model of organizational legitimacy and performance of oversea operation. This study uses a sample of the Chinese internationalizing companies to test the hypothesis proposed in this article. The empirical study finds that: (1) There is significant positive relationship between social network and organizational legitimacy. (2) The stronger international cognition of Chinese companies is, the higher organizational legitimacy will be. International cognition plays as a partial mediator between social network and organizational legitimacy. (3) The stronger the relational capability of Chinese companies is, the higher the organizational legitimacy will be. Relational capability acts as a partial mediator between social network and organizational legitimacy. (4) The types of enterprises ownership moderates the positive relationship between social network and organizational legitimacy. (5) The higher the organizational legitimacy of Chinese companies is, the better the internationalization performance will be.

The main innovations are as follows: (1) This study incorporates the theories of legitimacy to analyze the international operation of Chinese companies. Based on the inheritance of the theory of legitimacy's three dimensions structure, it develops the questionnaire of organizational legitimacy through interviewing, pre – testing, and formal testing. (2) This study analyzes the formation mechanism of Chinese companies' organizational legitimacy during oversea operation from the view of social network. (3) This study extends the theory of Chinese companies' oversea operation social network. It analyzes the typical social network of Chinese companies' oversea operation, and then, this study researches the net work structures, network resources, normative parts of network and analyzes social network evolution and internal driving powers. (4) This study illustrates the mechanism that enterprises ownership influence organizational legitimacy acquiring. This study finds that enterprises ownerships moderate the positive relationship between social network and organizational legitimacy. Sino – foreign is the best choice for Chinese enterprises nowadays in international market to acquire organizational legitimacy through social network; the second choice is state – owned enterprises. It is a experimental test according Chinese enterprise sample on the internationalization enter mode choice. This study in not only certify the joint – venture is the dominate mode in the early of internationalization, but also illustrate the difference of organizational legitimacy between Chinese enterprises in internationalization from the view of enterprises ownership.

Key words: Oversea Operation   Chinese Companies   Organizational Legitimacy   Social Network

目　　录

表 目 录

图 目 录

第一章 导论

跨国公司是一个国家综合国力的体现，也是国与国之间竞争的重要平台。中国跨国公司的崛起，是中国走向世界经济强国的内在要求。2010年，中国超过日本，成为世界第二大经济体。世界上许多学者和智库机构纷纷预测，在今后的10—20年，中国很有可能超过美国，成为世界第一大经济体，这必然需要中国涌现一批在全球市场上具有举足轻重地位的跨国公司。而中国跨国公司带有东方历史文化特征、发展中国家思维和社会主义市场经济特色，面对海外市场还存在许多能力和认识方面的困惑。获取东道国各种利益相关者的认可，取得组织合法性，已成为中国跨国公司走向世界必须解决的关键问题。本书从社会网络角度出发，研究中国企业海外经营的社会网络与组织合法性生成的作用机理，进而研究组织合法性与海外经营绩效的关系。

第一节 选题背景与研究意义

在经济全球化、区域一体化和信息网络化不断发展的背景下，我国积极鼓励企业"走出去"开展海外经营，利用国外的资源、市场、技术和人才发展经济。我国企业30多年的跨国经营，有许多成功的案例，也有许多需要研究总结的失败教训。不少学者将我国企业海外经营失败的原因归结为国际化经验不足、国际化人才缺乏、政治体制歧视、区域文化差异等因素。本书认为，中国企业海外经营失败的一个重要原因，是没有重视海外经营社会网络的战略管理，忽视了组织合法经营绩效的重要作用。

一 选题背景

20世纪90年代以来，中国企业纷纷走出国门，进行海外投资，拓展海外市场。通过成功的国际化经营，海尔、华为、奇瑞等一批优秀企业不仅赢得了新的发展空间，而且提升了国际竞争力。与此同时，出现了一些中国企业海外经营受阻的现象。在这些海外经营受阻的中国企业中，不乏资金实力雄厚、品牌声誉较高的知名企业，如 TCL、光明乳业等。这些企业的产品质量不错、资金实力雄厚，但在海外经营进程中备受海外市场质疑，海外经营进展频频遇阻。深入分析这些失败案例，不难发现，有许多企业海外经营失利，缘于非市场因素。解释这一现象，单纯从经济实力、技术水平、产品质量等层面，很难做出合理的解释。我们需要从一个更为广阔的经济社会学视角，来研究和分析中国企业海外经营失利的原因。

中国企业海外经营所处的时代是一个经济全球化时代。随着世界经济一体化的逐步深入，网络和信息技术的飞速发展，世界各国进行着大融合和大碰撞。在以经济为核心的互动过程中，世界各国之间的政治、社会、文化要素也无时不在发生着冲撞。尤其是在社会团体、非政府组织等利益相关者的话语权逐渐增强的年代，政治、社会、文化要素已经能使经济事件的原定轨迹发生偏移，甚至逆转。中铝参股力拓失利事件就生动地证明了这一点。因为，中国企业海外经营，不仅受到经济实力、技术水平和市场竞争的制约，而且还受到东道国的法律制度、文化制度、观念、社会期待等条件约束。实际上，正如新制度主义学家所言，组织是任务环境（或技术环境）和制度环境共同塑造的结果。实施海外经营战略的企业，面临技术环境和制度环境的双重制约。企业不仅要追求经营管理的效率和效益，而且要获得政治、社会、文化等制度环境的认可，即组织合法性。

组织合法性是一个根植于新制度经济学理论（Powell and DiMaggio，1991）、组织生态学（Haveman，1983）和战略管理学（Aldrich and Fiol，1994）的概念。所谓组织合法性，是指在一个由社会建构的规范、价值、信仰或定义的体制中，一个实体的行为被认为是可取的、恰当的、合适的、一般性的感知和假定（Suchman，1995）。一个企业如果被认为其在社会体系中的角色是正当的，就可以获得组织合法性，并可以吸引资源和利益相关者的持续支持。缺乏组织合法性，一个企业追求它的目标和积累资源的能力就会大大降低。在国外市场经营时，中国企业的生存和发展依赖于利益相关者对它的主观感知而不是实际财务绩效（Delmar and Shane，2004）。具有合法性的组织，被认为更有价值、更可预测以及更加可信（Suchman，1995），从而更易于获得资源支持。爱德曼的一份研究报告，分析了中国企业海外经营失败的原因，该报告是认为，主要有：企业的决策速度慢;企业领导在公共场合露面太少;低估文化差异及公共传播对公司投资项目成功的影响;对公司形象的宣传欠缺;不了解和不懂得管理利益相关群体;不借助媒体的力量。可见,这些原因大多属于非市场层面的因素。中国企业在国外屡屡遭受非市场障碍,凸显了中国企业对制度环境的忽视,以及对组织合法性的管理不足。

根据已有的组织合法性理论,分析思考中国企业海外经营的现实问题不难发现,中国企业海外经营失利与组织合法性缺乏有密切的关系。现有文献表明,社会网络是组织获取合法性的重要策略和途径之一(Aldrich and Fiol, 1994; Tornikoski and Newbert, 2007),借助社会网络,组织得以成功操控环境或影响外部利益相关者对其的认知(Pfeffer and Salancik, 2003)。在国际社会对中国企业存在认知不足和认知偏差、中国企业缺乏海外经营经验的情况下,中国企业借助社会网络,能塑造中国企业是"可信的、可靠的、有效的、有价值的"合法性感知,从而改善中国企业海外经营的制度环境,提高中国企业海外经营的绩效。

基于以上理论和实践思考,本书将"组织合法性"理论引入中国企业海外经营研究。建构社会网络与组织合法性分析框架,试图从社会网络视角研究中国企业海外经营的社会网络对组织合法性生成的影响机制,研究组织合法性与海外经营绩效的关系。以此指导中国海外经营企业加强社会网络战略管理,获取组织合法性,提高海外经营绩效。

二 研究意义

本书以"企业海外经营的组织合法性研究"为题,基于社会网络视角,研究企业海外经营社会网络与组织合法性的生成关系,研究组织合法性与海外经营绩效的关系。

(一)理论意义

第一,本书引入"组织合法性"理论,解释中国企业海外经营遇到的非市场障碍,可以修正和补充基于经济学假设的跨国经营理论。在东道国特定制度的安排下,作为新进入的中国企业,海外经营面临着如何适应既有制度,谋取组织合法性,进而得到东道国制度的认可。在合法化过程中,中国企业的组织合法性管理策略会引起东道国既有制度在组织、产业和社会经济整体等层面的变革,并促进新制度的形成。这些问题在以往基于经济学假设的跨国经营研究中都未涉及。本书引入"组织合法性"理论,研究中国企业海外经营中的组织合法性生成机制,对基于经济学假设的跨国经营理论研究有深化作用，能较好地解释跨国公司在跨国经营中遇到的非市场障碍，进一步完善跨国公司的经营管理理论。

第二，从社会网络视角解释了中国企业海外经营的组织合法性生成机制，分析了组织合法性与海外经营绩效的关系，发展了发展中国家企业的海外经营理论。经典的海外经营理论大多是发达国家企业的海外经营实践总结，作为新兴发展中国家的中国企业，在进入国际市场时不仅会遇到文化习俗差异、海外经营经验缺失问题，而且面临着政治体制差异、能力怀疑等问题。本书对经典的海外经营理论进行了批判性回顾，指出了建立发展中国家企业海外经营理论需要思考的组织合法性获取问题，并分析了社会网络对中国企业海外经营的组织合法性生成的作用机制，以及组织合法性对海外经营绩效的影响。这对发展中国家企业海外经营理论的建立与完善具有积极意义。

第三，开发了组织合法性的量表，发展了组织合法性的实证研究方法。组织合法性的度量，是制约组织合法性理论在管理学领域应用的"瓶颈"问题。本书在继承合法性三维度构成理论基础上，经过访谈、预测试、正式测试等步骤，设计出"组织合法性"量表，尝试了组织合法性问题的实证研究，改进了组织合法性的实证研究方法。

（二）实践意义

第一，指导中国企业运用社会网络，获取组织合法性，提高海外经营绩效。最近几年，中国企业海外经营屡屡遭受非市场方面的障碍，说明海外经营非市场因素已经严重制约了中国企业海外经营发展。本书研究中国企业海外经营的组织合法性及其海外经营绩效，研究成果能指导中国企业从组织合法性视野，研究分析海外经营的非市场障碍，运用社会网络，获取组织合法性，提高海外经营绩效。

第二，指导中国企业加强海外经营社会网络战略管理。海外经营的社会网络是培育组织合法性的重要渠道。本书分析了中国企业海外经营社会网络的构成、类型及其演化，研究了利用社会网络提高企业网络学习、网络关系、海外经营认知等能力。研究成果能指导中国企业构建和运用海外经营社会网络，获取组织合法性和企业所需其他资源。

第三，指导中国企业增强海外经营自我调节的能力。本书研究了企业关系能力、海外经营认知对社会网络和组织合法性关系的中介作用；研究了企业的所有权性质对社会网络和组织合法性关系的调节作用。研究成果能指导中国企业提高关系能力和海外经营认知，提高中国企业利用海外经营社会网络获取组织合法性的能力；选择合适的、多样的所有权形式进入国际市场，能减少或避免企业所有权性质所带来的海外经营障碍。

第二节　研究目标和方法

一　研究目标

本书研究有两个终极目标：一是中国企业海外经营的组织合法性是如何生成的；二是组织合法性是如何提高企业海外经营绩效的。由于社会网络是推动中国企业海外经营时获得组织合法性的一种重要途径，因此，本书有两个衍生子目标：一是对中国企业海外经营社会网络的构成要素进行分析；二是研究中国企业海外经营社会网络对组织合法性生成的作用机制。

二　研究方法

本书采用社会网络分析方法，文献整理与问卷调研相结合、理论分析与实证研究相结合等研究方法。下面主要介绍本书使用的社会网络分析方法和实证研究方法。

（一）社会网络分析方法

社会网络分析方法是新经济社会学的重要研究方法。传统的分析方法关注行为者属性对其行为的影响，而社会网络分析方法则把"关系"看成是分析单位，把"结构"看成是行动者之间的关系模式，分析行动者之间的关系。从方法论角度讲，社会网络分析方法的重要之处在于：社会网络分析单位主要不是行动者（如个体、群体或组织等），而是行动者之间的关系（刘军，2004）。社会网络分析方法将社会网络分为结构嵌入和关系嵌入两个维度，从结构嵌入和关系嵌入两个方面刻画社会网络。结构嵌入是分析网络的整体构造对网络成员行为的影响，而关系嵌入是研究二元关系的结构特征。本书运用社会网络分析方法分析中国企业海外经营社会网络的结构，将其分为关系嵌入和结构嵌入两个维度。通过关系强度，描述中国企业与海外经营社会网络其他成员的关系嵌入；通过网络规模，描述中国企业海外经营社会网络的结构嵌入。

（二）实证研究方法

本书采用的实证研究方法，分为小样本预测和大样本调查，调查主要采用问卷邮寄、现场发放和专门走访等形式，样本的选择采用简单随机抽样方法。针对小样本的回收数据，进行测项净化和信度评估。在对问卷进行修正的基础上，进行大规模问卷调查。本书的统计分析方法是多元统计分析中的结构方程模型分析、线性回归分析和分组回归分析。

第三节　文献综述

本节主要通过对组织合法性理论、企业海外经营的学习理论与网络理论、企业海外经营绩效影响因素、企业海外经营绩效的度量等相关文献进行回顾和评论，为本书发展中国企业海外经营的社会网络理论、构建海外经营社会网络与组织合法性生成的关系模型以及组织合法性与海外经营绩效的关系模型提供理论基础。

一　组织合法性理论综述

合法性原本是社会学和政治学的概念，有广义和狭义之分。广义的合法性概念被用于讨论社会的秩序、规范（韦伯，1998；Rhoads，1991），或规范系统（哈贝马斯，1989）；狭义的合法性概念被用于理解国家的统治类型（韦伯，1987），或政治秩序（哈贝马斯，1989）。

（一）组织合法性的理论渊源

合法性概念，首先在政治现象研究中获得重视。韦伯最早系统地研究了权力合法性问题。李普塞特、阿尔蒙德、亨廷顿、哈贝马斯等学者，发展了当代政治合法性的研究。20 世纪 60 年代开始，组织作为一个行动者，其在外部环境中的合法性问题获得重视。早期的组织研究，强调环境的技术方面，即关注组织的生产系统把输入转化为输出所必需的资源。研究者往往从狭义上把环境等同于生产过程所必需的知识，比如，输入的可预期性、有关因果联系的知识、研究过程的可分析性等，并且认为是技术塑造了组织的结构（Scott，1991）。

20 世纪 70 年代末 80 年代初，随着新制度理论学者在组织研究中的广泛应用，社会制度影响组织而产生的组织合法性问题开始得到深入研究，并与偏重于管理角度的组织合法性策略一起成为这一分析框架的两大支柱，并出现交叉融合的发展趋势。新制度理论学者对组织研究的一个最重要贡献就是拓展了"组织环境"概念。他们提出，组织是技术环境和制度环境共同塑造的结果。与技术环境强调效率理性不同，制度环境更强调认知理性（郭毅，2006）。技术环境和制度环境在很多时候是同时存在的。技术环境和制度环境都可以分为强、弱两个维度，因此，现实中存在四种组合的组织环境。组织受到制度环境影响的一个重要机制，就是合法性机制（田凯，2004）。

萨奇曼（Suchman）归纳了这两种理论视角各自的特点。他认为，策略传统属性的组织合法性研究，采用管理学路径，强调组织通过有目的地利用"唤起性符号"（Evocative Symbols）来获得社会支持。因此，策略传统认为，组织合法性是组织从其文化环境中通过竞争性而获得的资源，组织可利用这一资源来追求其他的组织目标。组织合法化的过程常常是有意图的、精于计算的过程。而制度传统属性的组织合法性研究并不把合法性视为一种组织运作资源，而是被视为一套基本信仰，强调外部制度对组织每个方面的构造、渗透与约束，认为文化决定了组织如何建立、如何运转，以及它是如何被理解与评价的。在这一传统中，合法性与制度化实质上是同义词，合法性成为制度环境对组织施加约束和影响的一种"机制"或观念力量，经由合法性而获取的资源，仅是一个副产品。所以，制度理论学者通常并不十分关注检验特定组织的策略性合法化努力（Suchman，1995；周雪光，2003）。这一理论的代表人物有迈耶、迪马吉奥等（Meyer，DiMaggio et al.）。

萨奇曼（1995）认为，这两种关于组织合法性的理论取向，代表了看待组织与外部环境关系的两种立场。策略视角是站在组织管理者角度由内向外看，而制度视角则是站在社会角度由外向内看。萨奇曼指出，实际的组织在合法性管理中不仅面临着策略性运作的挑战，而且面临着制度性建构的压力。因此，有必要将这两种理解整合进一个更大的图式中。这样，不仅可以展示合法性作为一种可利用的资源的运行方式，而且可展示其作为广为接受的信仰体系的运行方式。

（二）组织合法性的概念和类型

组织的生存依赖于合法性，因为得到组织合法性，可以帮助组织获得生存的所需资源。这些资源包括高素质的员工、政府许可、基金、消费者认可、媒体评价和良好的声誉等。组织合法性获取过程，是组织寻求社会群体认可或避免被拒绝的过程（Kaplan and Ruland，1991）。从组织视角来看，组织合法性是组织从其文化环境中提取的一种运营资源，组织可使用这新资源来实现经营目标（Suchman，1995）。组织拥有的组织合法性资源是一种动态资源，它会因为组织的行为、事件的影响而增加或减少。

萨奇曼（1995）把组织合法性定义为："合法性是指在一个由社会建构的规范、价值、信仰或定义的体制中，一个实体的行为被认为是可取的、恰当的、合适的一般性的感知和假定。"萨奇曼（1995）认为，管理者应通过与组织的社会环境保持经常和密集的互动来建立合法性存储（Reservoir）。组织合法性可以帮助企业获得生存和发展所需要的资源，包括政府许可、消费者认可、高素质员工等。本书采用萨奇曼的定义。

萨奇曼将组织合法性分为实用合法性、道德合法性和认知合法性三种类型。实用合法性基于组织的自利性，由于组织行为会影响外界利益相关者的福利，他们会监督企业的行为，以确定产生的实际后果。因此，实用合法性会演变成交易合法性，即基于企业政策的预期价值而产生对该政策的支持。当企业为社会提供了经批准的、符合某一特定需求的服务或产品时（如低成本但高质量的产品），企业就被赋予了"实用合法"。

道德合法性，是指社会对组织及其行为的积极规范评价。与实用合法不同的是，道德合法具有社会取向——它不是依赖于某一行为是否会对评价者有益，而是根据该行为是否"正确"来判断。这种判断通常反映该行为是否有利于社会福利的信仰。当然，这种利他性并不必然代表完全利益追求，组织会提出有利于自身的道德特征，并以象征性的姿态进行宣传。当组织不是以实用合法性中的交易，而是以规范性行为做了被社会认为是"正确的事情"时，组织就被授予"道德合法"（Suchman，1995）。在这个意义上说，社会愿意为获取更大收益而放弃货币性价值。例如，在可持续消费理念下，消费者越来越重视个人消费的公共后果，并且试图运用购买权利引导社会规范。当他们决定购买商品时，不仅会考虑商品本身，而且也关心商品的生产过程、使用过程和使用后的处置，甚至这些消费者还愿意为责任性的产品付出更高的价钱。星巴克公司按照公平贸易原则，从咖啡种植者手中采购咖啡豆，并建立起长期合作关系。同时，该公司还对咖啡产地的社会和社区项目进行投资，对环境进行治理。为了采购经过认证的公平贸易的咖啡，其支付给咖啡种植者的价格往往会高于市场上咖啡的价格（殷格非，2006）。

认知合法性，是指一旦组织确立了在社会结构中的地位，以至于它的出现被认为理所当然，最终就能够得到认知合法性（Suchman，1995）。获得认知合法性的组织能够为社会成员的行为提供指导，从而减少不确定性。制度理论认为，组织一直处于主动或被动地为获取三种合法性中的某些或全部的过程中，以确保其生存（Oliver，1991）。

斯科特等（Scott et al.，1995）① 把组织合法性分为三个维度：规制合法性、规范合法性和文化—认知合法性。规制合法性来自法律法规的一致，这些法律法规是迫使环境成员遵守法律规范的制度。规范合法性来自规范或价值观的一致，这些规范或价值观是期望环境成员遵守社会责任的制度。文化—认知合法性来自"理所当然"或共同理解，这是要求环境成员追随的制度。

与之类似，奥尔德里奇和菲奥尔（Aldrich and Fiol，1994）② 将合法性划分为社会政治合法性和认知合法性两类。社会政治合法性是指主要利益相关者、政府和一般公众，在既存的社会规范和制度框架下对创业活动的接受程度，往往表现为某些行业自身规范或政府对某些新兴行业的管制。例如，产业技术标准和主导设计，实质上构成了产业发展的一种规范性制度。正是这种规范，引导和约束了新企业的产业进入和创新行为。无论是技术创新还是商业模式创新，都必须符合这种产业标准和主导设计（强制性的或行业公认的）的约束，或者要求形成一种新的规范来替代现有的规范（Tushman and Anderson，1986）。③ 认知合法性主要是指对于新事业相关知识的普及程度，它代表了对特定社会活动的边界和存在合理性的共同感知。当针对某种既有技术、产品或组织形式的知识越是被普遍接受并被认为是"理所当然"时，其认知合法性表现得越强，就越是难以被改变或提到（张玉利、杜国臣，2007）。

（三）组织合法性的管理

根据制度理论，组织可以通过表现出与制度环境"同型"获得合法性，也就是采取与那些已经在其环境中得到制度化的、相似的组织形式、

① Scott，W. R.，*Institutions and Organizations* [M]．Thou Sand Oaks，CA：Sage，1995．

② Aldrich，H. E.，C. M. Fiol，"Fools Rush In The Institutional Context of Industry Creation" [J]．*Academy of Management Review*，1994，19（4）：545 - 670．

③ Tushman，M. L.，P. Anderson，"Technological Discontinuities and Organizational Environ-ments" [J]．*Administrative Science Quarterly*，1986（31）：439 - 465．

结构、政策和行为（DiMaggio and Powell，1983）。① 对于跨国公司而言，由于在多个国家经营而产生制度环境的复杂性和多样性，难以通过同型而获得组织合法性。也有观点认为，跨国公司试图在相互冲突的多个制度环境中获得合法性，它们不必适应当地环境，可以通过与经营所在地的多个环境进行谈判获得合法性（Oliver，1991）。在全球型、母国中心型和多国型的公司中，全球型公司能够成功应对不同国家多种制度环境的要求，它们会采取在全球范围合法的超国家结构、政策和行为，这也有利于确保内部一致性。多国型公司也相对容易管理外部和内部的组织合法性关系。因为当存在内部不一致时，它们会试图适应当地的环境。而母国中心型公司在相互冲突的内部和外部合法性管理上面临较大的困难。因为它们的政策和行为不是建立在统一的原则之上。东道国制度环境会对跨国公司子公司产生独立于母公司行为的直接影响，子公司行为因此与东道国的场域趋于同型。然而，作为一个海外企业，东道国当地的制度环境的压力作用被缓冲，跨国公司并不一定采取与当地其他组织完全一致的行为。尤其是当该跨国公司相对比较强大，子公司对东道国当地的依赖程度较低时（Meyer and Zucker，1988）。在这种情况下，当地制度环境的直接作用受到限制。当地制度也可能会通过子公司员工而影响企业行为，员工对新行为的解释受到其认知和信仰的影响，这些认知和信仰是受其工作所在地外部制度环境左右的。因此，即使由于所有权或其他因素，使子公司与东道国关系不密切，仍然可能通过作为制度承载者的员工，受到当地制度环境的影响。

在获取组织合法性过程中，跨国公司会面临"陌生的负担"和"合法性溢出"。"陌生的负担"是指在海外经营的企业会产生本土企业不会发生的成本，即外来性负担（Hymer，1960；Zaheer and Mosakowski，1997）。产生外来性负担的原因有多个方面，如东道国缺乏对跨国公司的了解，通常以跨国公司所属行业或国家的已有行为为依据做出判断，即成见。"合法性溢出"是指人们对跨国公司海外子公司的组织合法性判断，可能会基于该跨国公司的所有子公司或在东道国的所有子公司。组织合法性的溢出既可以是正面的，也可以是负面的。

---

① DiMaggio, P. J. and Powell, W. W., "The Iron Cage Revisited: Institutional Isomorphism and Collective Rationality in Organizational Fields" [J]. *American Sociological Review*, 1983 (48): 147–160.

二 企业海外经营的学习理论综述

企业海外经营，一般是指企业以世界市场为导向，利用生产要素和管理技能，主动参与国际分工和国际竞争，寻求在全球市场（而不仅仅在母国市场）的生存和发展的经营活动。本书所指的企业海外经营，仅限于企业在国外设立经营实体的行为。

企业海外经营是一种什么样的经营活动，海外经营的学习理论和网络理论提出了两种截然不同的观点。因此，本书需要对这两种理论进行系统的梳理，以便本书为研究社会网络对中国企业海外经营的组织合法性影响机理奠定理论基础。

Welch 和 Luostarinen（1988）[①] 提出，海外经营活动是企业不断提高海外经营介入程度的过程。企业的海外经营实践也表明，企业的海外经营活动是一个逐渐演化、从量变到质变的渐进过程。对于海外经营活动的认识，西方的企业海外经营理论并不存在争议。但是，对于这一过程的实质，不同的海外经营理论却存在不同的认知。在众多海外经营模型中，瑞典 Uppsala 大学的学者约翰森和沃尔尼（Johanson and Vahlne，1977，1990）提出了强调知识的海外经营模型（通常被称为 Uppsala 模型），得到了广泛的应用。他们认为，海外经营过程是知识发展和逐步发展国外市场两者之间的互动过程。在逐步发展国外市场的过程中，企业从缺乏海外经营经验到逐步获得丰富的经验知识。由于知识是他们强调的重点，他们也被称为学习学派（Fletcher，2001）。Uppsala 模型在许多实证研究中得到证实。[②] 但是，这一模型只强调了经验知识，而没有解释知识分享机制（Blomstermo and Sharma，2003；Forsgren，2002；Petersen et al.，2003）。因此，许多研究者开始强调，需要对海外经营进程中的"知识"进行更深入的理解。Blomstermo 和 Sharma（2003）认为，有必要研究知识的本质以及知识的分享机理。彼得森等（Petersen et al.，2003）提出，知识理论以及社会环境，自 1977 年以来已经发生了翻天覆地的变化，有必要重新思考 Uppsala 模型的概念是否仍然适用。当前，学者需要对有助于海外

① Welch, L. S., Luostarinen, R., "Internationalization Evolution of a Concept" [J]. *Journal of General Management*, 1988, 14（2）：34 - 55.

② Anna Jonsson, Ulf Elg, "Knowledge and Knowledge Sharing in Retail Internationalaization: IKEA's Entry into Russia" [J]. *International Review of Retail, Distribution and Consumer Research*, 2006, 16（2）：239 - 256.

经营过程的知识给予更多关注，并研究知识的积累过程与机制。

实际上，在约翰森和沃尔尼（1977）最初提出的海外经营过程模型时，国外市场的知识仅仅是指市场知识。他们认为，市场知识包括主观市场知识和经验市场知识。主观市场知识是能讲授的，类似于波兰尼（Polanyi，1962）和野中郁次郎（Nonaka，1991）对知识的二维分类中的显性知识；而经验市场知识只能通过"干中学"，由个人经验来习得，类似于隐性知识。这一观点与一般知识和市场特定知识的分类有类似之处。一般知识，是指针对某些存在共性顾客的特征及其营销方法；而市场特定知识，是指针对特定市场和单一顾客特征的知识。总之，在最初的海外经营模型中，市场知识被认为是海外经营过程中的决定性因素（Petersen et al.，2003）。后期的研究，则大大扩大了决定海外经营进程的知识范围。埃里克森等（Eriksson et al.，1997）将市场知识分为海外经营知识、制度（Institutional）知识和业务知识，扩展了知识概念。其中，海外经营知识是指与企业在新市场上扩张的能力和资源相关的经验知识。制度知识是关于特定国家的标准、规则和价格的治理结构信息。业务知识则涉及企业在特定国际市场和客户的竞争情况。这三种经验知识包括的主要内容及获取方式概括如表1-1所示。

表1-1　　　　　　　　　海外经营经验知识分类与性质

经验知识类型	主要内容	获取方式
业务知识	包括国外客户、国际合作伙伴、竞争者等与市场有关的知识	从国际关系网络中获取
制度知识	国外政府、社会文化、语言、习俗等制度性知识	从国际关系网络中获取
海外经营知识	能够具体指导企业海外经营实践的意会性知识	由国际商业和制度知识转化，通过"干中学"积累

资料来源：根据埃里克森等（Eriksson et al.，1997）、哈德利和威尔逊（Hadley and Wilson，2003）归纳整理。

如果说 Uppsala 模型仅仅停留在对企业海外经营进程的一种描述，那么海外经营的学习理论则较为深入地反映了企业海外经营的动机。遗憾的是，这些理论大多是对西方发达国家企业的海外经营实践的思考与总结，对于类似于中国这样的发展中国家企业，是否适用仍值得商榷。

三 企业海外经营的网络理论综述

（一）网络与社会网络的概念梳理

"网络"一词本来是一个物理学的概念。20世纪60年代初期，社会学与组织学学者开始引入网络这个概念。在社会学中，网络被定义为一些特定行为者之间的一套特定关系。关系可以理解为行为者的社会行为（Mitchell，1969[①]；Alba，1982；Lincoln，1982）。根据网络理论，每个网络成员都具有一个自我中心网。[②] 在这个网络中，我们可以把中心行动者称作"自我"，把自我联结的一套节点称作"他人"。在中心行动者看来，自我与他人之间的关系是直接关系，而他人与他人之间的关系是间接关系（Beckman and Haunschild，2002）。[③]

从不同角度看，网络可以被分为不同类型。如果按照网络成员的关系性质来分，可以把网络分为亲属网络、社会网络、经济网络等类型。亲属网络与生俱来，每一个社会成员都处于以自己为中心的亲属网络中。亲属网络中，网络成员之间的关系一般较为紧密，网络成员之间通过亲缘、血缘的情感流动带动物质的流动。亲属网络的治理机制依赖于利他主义，亲属网络成员的付出不期望回报。因此，亲属网络成员之间的关系多是非对称性关系。社会成员除了嵌入亲属网络，还嵌入社会网络。社会成员与其他社会行为者进行的社会互动，构成了社会网络。在社会网络中，网络成员之间通过社会情感的流动带动物质的流动。社会网络的治理机制依赖于互利互惠。因此，社会网络成员之间的关系，多是对称性关系。社会成员嵌入的另一个网络是经济网络，它是由经济行为者之间的经济互动构成的。总的来看，经济关系是以自利为目的的关系网络，流动的主要是一种物质客体。

学者对于社会网络有不同的认识。早期的社会网络研究学者关注个人社会网络。例如，伯特（Burt，1992）认为，社会网络就是"同事、朋友

---

① Mitchell, J. C., *The Concept and Rse of Social Networks: Social Networks in Urban Situations* [M]. Manchester, England: Manchester University Press, 1969.

② Borgatti, Foster, "The Network Paradigm in Organizational Research" [J]. *Journal of Management*, 2003, 29 (6): 991 – 1013.

③ Beckman, Haunschild, "Network Learning: The Effects of Partners' Heterogeneity of Experience on Corporate Acquisitions" [J]. *Administrative Science Quarterly*, 2002 (47): 92 – 124.

和更普遍的联系";埃米尔拜尔和古德温（Emirbayer and Goodwin，1994）认为，社会网络是"联结行动者的一系列社会联系或社会关系"。随着现代社会交往的日益频繁和交往范围的日趋扩大，今天的社会网络已远远超出了个人之间的关系范畴，扩大到各个层面的组织，如公司、民族或国家。现在，一般认为，"社会网络"指的是社会行为者及其相互关系的集合。其中，任何一个社会单位或社会实体都可以被看作一个行为者，或者是网络的一个"节点"。这意味着企业和企业中的每一个员工都可以被看作行动者（刘军，2004）。①

在经济社会学的研究历史中，社会网络即为人际关系网络。格拉诺维特（Granovetter）在《弱关系的力量》一文中所指的社会网络，是指人际关系网络中的社会关系——朋友关系。因此，本书把社会网络界定为人际关系网络，它既包括个人之间的人际关系网络，也包括组织和群体之间的人际关系网络。社会网络中联结个体之间的关系，也是多种多样的，既可以是朋友关系、亲戚关系，也可以是商业关系。

（二）企业海外经营的网络理论

在跨国经营管理研究中，约翰森和马特森（Johanson and Mattsson，1985）首次将网络理论引入分析企业的跨国经营行为。他们提出，企业海外经营就是企业建立、发展与维持网络关系，并不断融入企业目标的一种不断积累的过程。与传统的企业竞争理论仅仅把企业当作独立的决策单位分析不同，网络理论强调任何企业都只有在一定的商业网络中才能生存。商业网络的成员，包括企业在内的众多生产商、渠道成员、供应商以及合作者，彼此根据资源与能力进行分工，相互之间是相互依赖、相互竞争的关系。更具体地说，网络成员之间的关系是一种嵌入关系，而不是市场中企业之间的交易关系。网络成员的合作所获得的额外收益将依据合同在网络成员中分享。每个网络成员获得的收益，决定彼此在网络中的位置。约翰森和马特森认为，可以从以下两个维度确定企业的网络位置：一是企业本身的海外经营程度；二是国际产业（市场）网络的成熟程度。②根据这两个维度，他们把海外经营的企业划分为新进入者、后来者、孤独者和融入者四类。新进入者无法从已存在的商业网络中获得任何有益的知

① 刘军：《社会网络分析导论》，社会科学文献出版社2004年版，第4—5页。
② Johanson, J. and L. G. Mattsson, "International Marketing and Market Investments in Industry Networks" [J]. *International Journal of Research in Marketing*, 1985, 2 (3): 185–195.

识和信息，在海外经营中面临着巨大的不确定性风险。对新进入者来说，采取渐进的方式来控制风险和成本往往是最有效的海外经营策略。后来者在很大程度上借助于其他企业的现成网络，拓展国际市场。后来者的最大问题在于，如何在竞争对手已经获得先发优势的情况下，能低成本地成为网络中的一员。孤独者在多年海外经营中，积累了丰富的国际市场经营经验。但是，由于没有建立或未充分利用海外经营社会网络，在更大程度上需要依靠企业自身的资源和能力来开拓海外市场。因此，孤独者经常会因为资源和能力的制约而面临海外经营活动的协调困境。融入者在一个国别差异很小、高度国际化的网络中，开展经营活动。融入者通过战略联盟、企业并购、资本联合等方式，扩大其在网络中的影响力。博尔奇（Borch，1994）研究过战略联盟对企业海外经营中的作用。研究发现，战略联盟有助于企业快速推进海外经营，尤其是当企业海外经营缺少必要的资源时，通过战略联盟获得联盟伙伴的资源或能力支持，能有效地规避企业海外经营能力不足的困境。[1]

巴纳吉（Banerji，1992）分析了海外经营社会网络与海外经营水平的关系。他指出，在海外经营社会网络中，企业当前的海外经营水平决定了企业在网络中是处于中心位置还是边缘位置。企业在海外经营社会网络中的位置将进一步决定企业对海外市场的控制能力及其后续海外经营意愿。其分析逻辑是：企业进一步海外经营的"意愿"和"市场控制能力"，更多地表现在企业能否通过网络关系，跟随网络的领导者进入新的海外市场。也就是说，企业进入海外市场的愿望与以往积累的海外经营经验有关。如果企业曾经成功地进入过新的国际市场，由此积累的经验将会增强企业进入下一个类似市场的意愿。此外，企业当前的海外经营介入程度越深，其继续拓展国外市场的可能性越大。相反，如果企业感到缺乏足够的海外市场经营经验，缺乏在海外市场的成功运作能力，它就会选择不进入或者采取类似于出口等控制力较弱的模式进入。

随着海外经营社会网络模型的发展，后来学者开始关注网络关系对企业海外经营战略的影响。科维略和芒罗（Coviello and Munro，1997）等认为，网络成员对企业的海外经营进程起着非常重要的作用，有时甚至可能

---

① Borch, O. J., "The Process of Relational Contracting: Developing Trust – based Strategic Alliances among Small Business Enterprise", in *Strategic Management 10B*, *Interorganizational Relations and Interorganizational Strtegies*, Paui Shrivastava, Anne S. Huff and Jane E. Dutton, eds. , Greenwhich, C. T. : JAI Press Inc. , 1994.

左右企业在海外市场的进入模式选择、进入区域选择以及渗透方向的选择。当然，影响力的大小与双方关系密切程度存在相关关系。事实上，扩展了的海外经营过程网络模型已经开始考虑包括网络在内的多方面因素。正如约翰森和沃尔尼（1993）提出的，海外经营过程不仅仅只是与企业内部因素相关，网络内企业之间的关系及其互动作用对海外经营进程也起着举足轻重的作用。企业的网络位置说明了每个企业只是网络整体任务分工中的一个环节，必然需要与其他企业进行协作，共同完成网络任务。并且，网络成员之间相对稳定、相互依存的关系，仍然会随着时间和经营环境的改变而发生变化。这对网络成员预测网络演变方向的能力，提出了更高的要求。因此，尽管企业在特定的情境下完全可以依赖商业网络中其他网络成员的资源来推进海外经营①，但是，如果企业不去占据自己在网络中的位置，不去试图使自己成为网络核心位置的占据者，不去与网络外部企业进行互动与学习，长此以往，必然形成对网络的依赖性。最终，企业将难以适应多变的外部环境，并由此丧失网络位置，或者随着整个网络的衰落而衰落。总而言之，海外经营的网络理论，为研究中国企业海外经营提供了一种很好的分析理论和工具。

四　企业海外经营绩效影响因素研究综述

由于对影响海外经营绩效的关注点不同，学者提出了影响海外经营绩效的多种因素：一是影响企业海外经营的资源因素和能力因素。资源因素包括企业规模（KilantaLridis and Levanti，2000）、企业海外经营经验（Zou and Stan，1998；Han，2002）、企业技术水平（Lages，2000）、管理者的态度（Zou and Stan，1998）、社会网络（Prashantham，2004；Chen，2003）。能力因素包括高层管理团队的教育背景、经验和能力（Lages，2000）、质量控制能力与交流能力（Aaby and Slater，1989）。二是战略因素。主要是指企业的战略规划和营销战略（Aaby and Slater，1988；Sousa and Alserhan，2002）。三是东道国的环境因素。包括东道国的政策、法律与规制（Sousa and Alserhan，2002）、东道国市场发育程度和市场潜力（Zou and Stan，1998）、东道国市场竞争激烈程度（Zou and Stan，1998；Lages and Leal，2004）、东道国风险感知等。四是母国环境因素。包括母国宏观环境（如母国法律、法规、出口政策等）、母国市场吸引度（如母

---

①　温晓：《企业国际化的一般进程及其影响因素：文献综述》，《国际贸易问题》2006 年第 2 期。

国市场潜力和市场增长速度）等因素。拉吉斯（Lages，2000）研究发现，研究母国市场特征对企业海外经营绩效影响的研究成果还比较缺乏。已有研究发现，母国给予企业海外经营的支持政策，与企业海外经营绩效有着显著的正向影响。同时，企业在母国遇到的竞争类型、国内市场的吸引度，也会影响企业海外经营绩效。

下面主要综述与本书研究存在密切关系的研究：一是社会资本与海外经营绩效的关系；二是社会网络与海外经营绩效的关系；三是感知风险与海外经营绩效的关系。

（一）社会资本与海外经营绩效的关系研究

Renko、Autio 和 Sapienza（2001）对 180 家英国高技术企业的海外经营进行了实证研究，证实社会资本有助于高科技企业在海外经营中获得外部知识。他们从企业之间的社会交流水平、关系质量（如信任）、通过关系建立网络的水平三方面来度量社会资本。社会资本可以使高科技企业更容易获得核心客户的外部知识。知识获取可以促进企业新产品开发、技术独特性和提高销售效率，从而帮助企业获取竞争优势，提高海外经营绩效。

迈耶和斯卡克（Meyer and Skak，2002）研究中小企业海外经营时发现，中小企业海外经营初期，通过建立社会资本，有助于企业及时获取市场信息，而及时获取决策所需的市场信息能够加快企业国际扩张的速度。拉吉斯（2000）提出，企业家或高层管理团队的教育背景、经验和技能，对企业海外经营绩效有着显著影响。企业家或高层管理团队的经济行为嵌入组织的社会行动之中，他们与市场网络（由企业家与顾客、供应商、销售商等成员构成）、环境网络（由企业与政府、银行等组织构成）、个人网络（企业家个人的血缘网络、地缘网络、学源网络）、内组织网络（企业与股东、员工、合作伙伴等成员构成）等关系网络的数量和质量，构成了他们的社会资本。他们的社会资本的拥有量，能帮助他们获得海外经营的经验和技能，从而有助于改善海外经营绩效。

（二）社会网络与海外经营绩效的关系研究

研究发现，社会网络与企业的海外经营有着密切的关系。Prashantham（2004）[1] 调查了印度班加罗尔地区的软件企业，发现企业在当地的网络

---

[1] Prashantham, S. and Young, S., "Theinternet and the Internationalization of Small Knowledge Ointensive Firms: Promises, Problems and Prospects" ［J］. *International Journal of Entrepreneurship and Small Business*, 2004, 1 (1/2): 153 –1751.

资源可以通过企业声誉、产品品质以及网络结构来影响企业的海外经营进程。Chen（2003）[①] 等指出，亚洲的中小企业，特别是那些知识密集型企业，以擅长构建关系网络而闻名。它们之所以能够快速实现国际化，主要是因为它们善于在新市场上充分利用自己的社会网络。

综述文献发现，对于社会网络与海外经营绩效的关系，现有研究大多基于以下三种分析范式。

第一种分析范式是经济社会学分析范式。其分析逻辑是：社会网络—社会资本—海外经营成长。经济社会学分析范式认为，企业海外经营实际上是企业不断构建、发展和利用国际关系网络的过程。海外经营企业嵌入特定的关系网络环境之中，网络中嵌入的关键性资源，对企业是一种极为重要的网络资本，并将作为企业资本的一种新形式，有助于企业的海外经营成长。学者研究多从社会网络的结构视角入手，运用社会嵌入理论[②]，分析关系嵌入、结构嵌入对网络资本的影响。芒罗（1995）研究了25家高科技企业的海外经营情况，发现国际市场选择和进入的动机，都来自正式和非正式的社会网络创造的机会。他们发现，网络关系促进了企业的快速增长，并对小企业的海外经营进程和成长模式产生了积极影响。科克（Kock，1998）研究了122家中小企业后发现，由于中小企业的市场信息，极其依赖于企业的社会网络。企业的国内网络关系也有助于中小企业获得信息和资源，促使其进入海外业务网络。关系网络和海外经营的关系如图1-1所示。

第二种分析范式是经济学分析范式。经济学分析范式关注社会网络对企业在海外经营中获得租金、降低交易成本的作用。如戴尔、辛格（Dyer，Singh，1998）[③] 研究发现，企业海外经营可以通过与其他企业发展正式和非正式的合作关系，获取企业之间的网络关系租金。与产生于企业内

---

① Chen, T. J. , "Network Resources for Internationalization: The Case of Taiwan, Selectronics Firms" [J] . *Journal of Management Studies*, 2003, 40 (5): 1107 – 1131.

② 1992年，格拉诺维特首先提出将嵌入分为关系嵌入和结构嵌入。关系嵌入是指单个行动者的经济行为是嵌入于他与他人互动所形成的关系网络之中，当下的人际关系网络中的某些因素，如各种规则性的期望、对相互赞同的渴求、互惠性原则都会对行为者的经济决策与行动产生重要影响。与此同时，行为者所在的网络又是与其他社会网络相联系的，并构成了整个社会的网络结构。因此，行动者及其所在的网络又是嵌入由其构成的社会结构之中，并受到来自社会结构的文化、价值因素的影响和决定。这一划分得到学者的广泛认同。

③ Dyer, J. H. and H. Singh, "The Relational View: Cooperative Strategy and Sources of Interorganizational Competitive Advantage" [J] . *Academy of Management Review*, 1998 (23): 660 – 679.

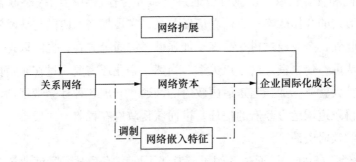

图 1 - 1　关系网络和海外经营的关系

资料来源：王国顺、谢高峰：《关系网络、网络资本与企业国际化成长》，《财经理论与实践》2008 年第 7 期。

部的熊彼特租金和理查德租金不同，这种租金产生于企业网络资源。宋雅杰（2005）[①]认为，企业海外经营，可以与社会网络成员先建立市场交易关系，然后经过长期的发展与反复博弈，彼此形成基于信任、情感的嵌入或合作关系。在这种信任关系的制约下，交易各方往往会对交易规则、交易流程达成共识，共同遵守同一规则，或维持契约变更的规则，从而降低海外经营中的交易成本，提高企业的海外经营绩效。

　　第三种分析范式是管理学分析范式。管理学分析范式提出，社会网络在以下三个方面影响海外经营：（1）机会识别。社会网络有助于企业识别和把握国际市场机会，比如企业可通过客户关系进入海外市场。科维略和芒罗（1995）[②]实证研究了新西兰软件企业国际创业活动后发现，新西兰的软件企业往往通过网络关系来捕捉和利用国外市场机会。（2）学习和知识获取。社会网络有助于企业获取海外经营所需的信息和知识。尤其是在海外经营初期，企业非常缺乏相关的信息和知识，通过与社会网络之间的互动，企业能及时获取决策所需的市场信息，由此加快企业国际扩张的速度。此外，企业通过与行业中的领导者建立密切的关系，也有助于企业获得领导者的先进管理经验、技术知识，提高组织学习的绩效。

---

　　①　宋雅杰：《从新经济社会学社会网络视角看跨国公司社会责任》，《云南财经大学学报》2005 年第 5 期。

　　②　Coviello, N. E. and Munro, H. J. , "Growing the Entrepreneurial Firm: Networking for International Market Development" [J] . *European Journal of Marketing*, 1995 (29): 49 – 61.

（3）协同和资源获取。企业可以通过与海外合作伙伴缔结战略联盟或实施其他形式的合作战略——建立信任关系，实现战略的协同与战略资源的获取。此外，企业通过树立品牌、加强顾客沟通等方式，也能取得当地消费者的认可，建立良好的客户关系。当然，企业还需要通过在东道国增加投资、扩大就业、加强与东道国政府的沟通、开展各种社会责任活动等措施，获得东道国地方政府的信任，进而获得政府在税收、研发等方面的政策优惠和政府资源。

Deo 等（2003）[①] 通过案例研究考察了网络关系对国际创业过程的影响。在他们看来，国际创业过程就是一个网络学习过程。奥维亚特和麦克杜格尔（Oviatt and McDougall，2005）[②] 考察了网络关系的强度规模和整体密度等三个维度对国际创业活动的影响。他们认为：第一，在国际创业活动中，弱关系比强关系的作用更大。美国社会学家格拉诺维特于 1974 年提出强关系和弱关系理论。格拉诺维特认为，强关系（如亲人、同学、朋友、同事）是群体内部的纽带，由此获得的信息重复性高。而弱关系是群体之间的纽带，它提供的信息重复性低，充当着"信息桥"的角色。相对强关系而言，弱关系由于数量众多而更利于获取有助于国际创业所需的信息、知识和渠道。第二，国际社会网络的规模越大，国际扩张所涉及的国家或地区范围就越大，扩张的速度也就越快。在网络规模既定的情况下，松散型关系网络对于海外经营创业活动的支撑作用要小于紧密型关系网络。这是因为，松散型关系网络仅仅是把相互独立的节点连接起来，尽管能促进信息的获取，但是，难以推动默会知识的转移。相反，紧密型关系网络由于网络成员间的频繁互动，营造出信任和互惠的氛围，能推动默会知识的转移，降低交易成本，提高专用型资产投资，从而为国际创业活动提供更有效的支撑（薛求知、朱吉庆，2006）。

总的来看，学者运用社会网络研究企业海外经营绩效，已经取得了较为丰硕的成果。但是，已有研究存在"四多四少"的特点：一是对中小企业研究较多，对大型企业研究较少；二是对企业家网络研究较多，对企

---

① Deo Sharma and Anders Blomstermo，"The Internationalization Process of Born Globals：A Network View"［J］. *International Business Review*，2003（12）：739 – 703.

② Oviatt，B. M. and McDougall，P. P.，"Defining International Entrepreneurship and Modeling the Speed of Internationalization"［J］. *Entrepreneurship Theory and Practice*，2005，29（5）：537 – 553.

业网络研究较少；三是移植西方发达国家的海外经营理论成果较多，研究发展中国家的企业海外经营理论较少；四是直接研究社会网络与海外经营绩效关系的成果较多，基于组织合法性为中介的社会网络与海外经营绩效的关系研究较少。实际上，无论是国际新创企业，还是一般企业，在海外经营进程中都会遇到能否得到东道国消费者认可的问题。社会网络作为一种获取资源的机制，有助于企业获得合法性，进而影响海外经营绩效。现有研究的不足，使针对中国企业海外经营的实践，构建具有发展中国家和中国特色的海外经营理论具有重要的理论意义和现实意义。

（三）感知风险与海外经营绩效的关系研究

企业海外经营会受到外部环境的影响，依据风险评估，也会影响企业的国际化运营（许辉、邹慧敏，2010）。[①] 利特瓦克（Litvak，1968）研究发现，美国跨国公司的对外投资容易受国外的政治环境、法律环境、经济环境、文化环境和地理环境甚至市场机会的影响；戴维斯（Davis，2000）研究表明，制度变量对海外经营绩效有着显著影响。斯特兰德尼斯（Strandenes，2002）访谈研究 119 家挪威船舶公司后发现，海外市场的经济和政策环境是影响挪威船舶公司海外投资的重要因素。Cui（2009）研究中国跨国公司后发现，中国企业海外经营的成败与东道国的人文环境因素有一定的联系。这些研究告诉我们，企业海外经营的感知风险会影响企业海外经营的绩效。一般来说，海外经营风险包括法律环境风险、政治环境风险、经济环境风险、商业惯例风险、市场结构风险和语言风险等多种风险。埃文斯（Evans，2002）研究发现，企业海外经营的风险感知与零售企业海外扩张绩效呈正向关系。也就是说，零售企业对文化和商业差异的风险感知越强，其海外经营绩效会越高。郑子云等（2002）研究了八佰伴公司后发现，八佰伴公司倒闭的重要原因是其低估了新兴市场开发的风险、扩张业务所需资金的风险、经营非核心业务的风险和借贷带来的高负债率。

除了对海外经营感知风险与海外经营绩效的直接关系进行研究，不少学者还认为，海外经营风险会影响企业的海外经营战略，进而影响企业的海外经营绩效。由此，他们引入了战略要素，提出了"风险—战略—绩

---

① 许辉、邹慧敏：《企业的国际化感知风险对国际化绩效影响研究》，《管理科学》2010 年第 4 期。

效"分析框架。Brouthers（2002）等研究发现，投资风险会影响跨国公司的进入模式选择和海外经营绩效。这是因为，投资风险会影响跨国公司的资源控制程度和资源承诺程度。企业根据投资风险来选择市场进入模式，其绩效会显著优于其他模式。扎拉（Zahra，2005）认为，在考察国际新创企业的战略决策选择及其与海外经营绩效的关系时，应密切关注不断变化的国际市场环境。Luo 和 Tung（2007）研究新兴市场国家的跨国公司后发现，东道国的制度环境相对于母国越宽松，投资者越倾向于通过并购方式在当地发展，从而提升海外经营绩效。许辉、邹慧敏（2010）实证研究了 463 家中国海外经营企业后发现，海外经营感知风险与海外经营绩效之间存在显著的负相关关系。海外经营感知风险不仅直接作用于海外经营绩效，而且以企业的市场进入模式为中介，间接地影响了企业的海外经营绩效。此外，海外经营经验会调节海外经营感知风险与海外经营绩效关系，海外经营感知风险对海外经营绩效的回归系数是海外经营经验的二次函数。对于中国企业而言，强化海外经营风险识别和管理、积极招募和培训海外经营人才，是进行海外经营战略决策、提高海外经营绩效和国际竞争优势的重要途径。

五　企业海外经营绩效度量综述

自 20 世纪 70 年代以来，海外经营绩效研究主要侧重于对企业出口绩效的测度。90 年代中期开始，随着对外直接投资逐渐成为企业海外经营的主导模式，度量企业海外经营绩效，也逐渐转变为关注企业对外直接投资的绩效。

学者对界定企业海外经营绩效范围也存在不同的观点。Sousa（2004）的综述发现，不少学者关注销售类、利润类和市场类等绝对性、财务类指标。其中，销售类指标包括国际业务比重、国际销售增长率、国际销售量；利润类指标包括国际业务利润额和国际业务利润增长率；市场类指标包括国际业务市场份额和市场多样性等指标。Sousa（2004）提出，企业处于海外经营不同阶段，其评估绩效指标也应不同，如出口初期的企业更关注出口销售额和出口利润指标；而经验较丰富的出口企业则更关注类似于市场份额的指标。Sullivan（1994）和 Nguyen（1995）等学者认为，企业的海外经营绩效应是一个多元指标，不能仅包括财务指标。他们从国际业务的结构特征、国际业务的财务业绩特征、海外经营态度导向特征和行为特征四个方面来反映企业海外经营的绩效。结构特征是指企业在多个海外市场从事生产经营，结构特征反映了企业对海外市场的资源投入承诺（如海外资产比重和海外子公司比重等）。财务业绩特征反映了企业在海外市场的财务绩效情况的主要指标（包括海外销售收入、海外业务利润等绝对指标，以及海外销售比重和海外利润比重等相对指标）。海外经营态度导向特征是指企业决策者的海外经营经验及其对待海外市场的态度（积极还是消极），其衡量指标包括产品的生产和销售在国际地理市场上的心理距离分布，以及高层管理者的海外经营经验等。行为特征是指企业在组织结构与管理措施等方面对其国际业务、海外资产的决策和控制情况，由于行为特征指标难以量化，因此一般较少采用。

第四节 研究思路、技术路线和主要内容

一 研究思路

近年来，中国企业"走出去"的很多，失败的也不少。理论研究和实践总结发现，中国企业海外经营成功的一个关键要素是能否得到东道国利益相关者的认可，获得组织合法性。而组织合法性的获得与中国企业海外经营社会网络有着密切的关系。为了深入剖析中国企业海外经营的社会网络对组织合法性的影响机理，本书从网络结构、网络内容、网络治理和网络动态四个方面来阐述中国企业海外经营的社会网络，并从海外经营认知和关系能力两个方面，分析海外经营社会网络影响组织合法性的具体路径，分析企业所有权性质对海外经营社会网络与组织合法性关系的调节作用，最后研究组织合法性与海外经营绩效的关系。

二 研究技术路线

在继承社会网络理论、企业海外经营理论、组织合法性理论、组织学习理论等相关理论的基础上，本书分别深化了企业海外经营理论、组织合法性理论等理论，从中国企业社会网络的结构、内容和治理三个方面出发，构建了中国企业海外经营的社会网络与组织合法性生成关系模型，以及组织合法性与海外经营绩效关系模型，并进行了模型的概念化、变量的可操作性设计。在此基础上形成了系统的理论假设。为了验证这种理论推断是否成立，本书通过相关性分析、因子分析、回归分析等统计分析方法，采用 Amos 7.0、SPSS 15.0 等软件，对理论分析推导出的概念模型进

行了实证研究，本书研究的技术路线如图1-2所示。

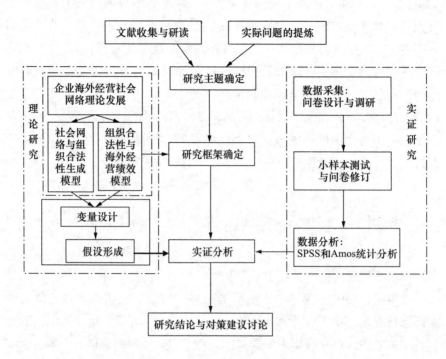

图1-2 本书研究的技术路线

三 研究内容和本书框架

本书共分为七章。

第一章主要介绍研究选题背景、研究意义。回顾和总结了企业海外经营的学习理论与网络理论、企业海外经营绩效的影响因素、企业海外经营绩效的度量、组织合法性理论。在分析现有研究不足的基础上，提出了企业海外经营和组织合法性理论研究的具体方向。据此确定了本书的研究目标、研究方法、研究思路、技术路线、研究内容和本书框架。提出了本书的创新、研究局限以及未来的研究方向。

第二章首先分析了企业海外经营绩效的影响因素，提出未构建社会网络和缺乏组织合法性，是影响中国企业海外经营绩效的重要因素。其次对企业海外经营的组织合法性内涵与特征、要素进行了研究。再次分析了企业海外经营社会网络的内涵和构成，提出了中国企业海外经营的两种社会网络原型，剖析了中国企业海外经营的典型社会网络，并从网络结构、网络内容和网络治理三个方面解构了企业海外经营的社会网络。在对企业海外经营社会网络进行静态研究后，从动态视角分析了企业海外经营社会网络的演进过程。

第三章利用已有研究成果和本书理论发展成果，构建了企业海外经营的社会网络与组织合法性生成关系模型、组织合法性与海外经营绩效关系模型两个模型。具体研究了企业海外经营社会网络对组织合法性生成的影响、组织合法性与海外经营绩效的关系、企业海外经营关系能力、海外经营认知对组织合法性生成的影响，以及企业所有权性质对组织合法性生成的影响，并据此提出了相应的假设。

第四章具体介绍了调查对象的选择、调查方法和样本数量。在模型假设和已有研究的基础上设计了问卷，问卷题项部分直接借鉴了已有的研究成果，部分问卷则根据中国企业的实际情况和本书的需要进行了适当修正，力图使每一个问卷题项都作为可观察变量以便于理解，并充分反映潜变量。

第五章具体分析了问卷有关题项的简单描述性统计结果，对数据进行相关性分析，初步确定变量关系和数据质量。然后通过 SPSS 15.0 软件进行信度和效度检验，利用结构方程分析方法，对关系能力和组织合法性等变量进行验证性因子分析，以此确定观察变量是否足以反映潜变量，检验问卷测量模型的效度。

第六章运用线性回归方法，检验了企业海外经营社会网络对组织合法性生成的直接作用；运用分步回归方法，检验了关系能力、海外经营认知在海外经营社会网络对组织合法性生成影响的中介作用；运用分组回归方法，检验了企业所有权性质在海外经营社会网络与组织合法性生成关系的调节作用；运用线性回归方法，检验了组织合法性与海外经营绩效的关系。

第七章在实证检验的基础上，对实证结果进行了讨论，提出了本书的主要结论。对各变量间存在的关系进行理论解释，并分析了检验中未得到证实假设的可能原因。根据本书结论启示，提出了中国企业加强海外经营社会网络治理、提高组织合法性，进而提高海外经营绩效的对策建议。

第五节　研究创新和未来研究方向

一　研究创新

在理论研究分析基础上，建构了关于海外经营社会网络和组织合法性关系、组织合法性与海外经营绩效关系的两个模型，经过实证检验研究，本书得出了以下主要结论：（1）培育和发展企业海外经营组织合法性，是克服企业海外经营非市场障碍和提高经营绩效的重要路径。（2）构建和运用海外社会网络，是企业海外经营获取和利用组织合法性的重要机制。（3）企业海外经营的关系能力和海外经营认知，是企业运用海外社会网络生成组织合法性的两个重要因素。（4）海外经营企业所有权性质，对社会网络和组织合法性关系起到调节作用。中外合资所有权性质，更易融入海外社会网络获取组织合法性；国有企业所有权性质作用次之；民营所有权性质不利因素较多。本书的创新主要表现在以下四个方面。

（一）引入组织合法性理论研究企业海外经营问题，丰富了企业海外经营理论

企业海外经营传统理论强调企业的经营环境、内部资源和能力等经济因素对海外经营绩效的影响作用。对于进入一个新市场的中国企业来说，海外经营绩效不仅依赖于企业实力和高效运作，还依赖于东道国的法律制度、文化制度、观念制度、社会期待等制度环境，是影响企业海外经营绩效的一个重要因素。作为东道国特定制度安排下的新进入者，中国企业海外经营面临着如何适应既有制度、谋取组织合法性进而得到东道国制度认可的问题。

本书将组织合法性理论引入企业海外经营问题研究，提出"企业海外经营提高组织合法性，有助于提升企业海外经营绩效"的假设。利用组织合法性理论，研究企业海外经营问题，不仅有效地解释了中国企业海外经营的诸多困惑，而且丰富了企业海外经营研究的理论。

（二）从社会网络视角，研究了组织合法性生成机制，推动了社会网络理论与组织合法性理论的交叉研究

新制度理论缺乏对组织合法性生成机制的理论解释。本书从社会网络视角解释和实证研究了企业海外经营的组织合法性生成机制。研究发现，

中国企业海外经营、构建和运用海外社会网络资源，在两个方面会有所突破：一是获得各种海外经营知识，对海外经营产生正确的认知。二是通过经验学习，提高处理东道国各利益相关者关系的能力。这两方面的突破有助于中国企业在东道国获取和利用组织合法性。在此研究基础上，本书还构建了企业海外经营社会网络与组织合法性生成关系模型，实证研究了企业海外经营社会网络对组织合法性生成的影响。这些研究成果，将推动学术界深入探究企业海外经营应该如何利用海外社会网络获取组织合法性的理论问题，从而有利于促进新制度理论在跨国经营领域的研究。

（三）深化研究了企业海外经营的社会网络理论，拓展了社会网络理论的研究应用领域

近年来，社会网络理论在海外经营领域得到一定的发展。但对于中国企业海外经营的社会网络类型与构成缺乏系统研究。本书深入研究了中国企业海外经营的社会网络理论，拓展了社会网络理论的应用范围。在海外市场经营时，中国企业不熟悉东道国市场的经营惯例、文化习俗和消费者偏好，遭遇到较严重的信息不完全，加之海外经营经验不足，市场调节能力不强，给企业海外经营带来了额外的成本。海外经营社会网络不仅有助于中国企业识别和把握国际市场机会，获取海外经营所需的信息和知识，还能与海外合作伙伴缔结战略联盟或实施其他形式的合作战略。借鉴社会网络理论和海外经营理论，本书在对企业海外经营的社会网络的内涵、功能进行界定的基础上，研究了企业海外经营社会网络的构成及其演化。研究发现，中国企业海外经营的社会网络有继承性网络和生成性网络两种原型；企业家个人的社会网络、海外华人网络、企业社会网络是中国企业海外经营的典型社会网络；网络结构、网络资源、网络规范部分和网络动态是解构中国企业海外经营社会网络的四个重要方面；企业海外经营社会网络演化的轨迹是企业社会网络代替个人社会网络的过程，节约交易成本、学习知识和获得技能，是海外经营社会网络演化的两个重要动因。

（四）从企业所有权性质的调节作用，解释企业所有权性质与组织合法性关系

中国企业所有权性质有民营、国有和中外合资三大类。不同的所有权性质会影响企业海外经营的组织合法性获取。研究发现，中外合资是中国企业当前在国际市场上通过社会网络获取组织合法性的最佳所有权方式，

其次是国有性质的企业。相对国有企业和中外合资企业，民营企业在国际市场中构建组织合法性会遇到更多的困难。这是根据中国企业样本对海外经营进入模式选择的实证检验，它不仅证明了合资企业是企业海外经营初期的主导模式，而且从企业所有权性质角度解释了中国企业海外经营的组织合法性差异问题。

二 未来研究方向

尽管本研究取得了一些较有意义的成果，但是，限于研究者水平、精力和资源有限，研究还存在一些不足之处。如采用自评量表研究方法，带来的误差可能影响实证结果；没有就海外经营社会网络的结构、资源、治理、动态等特性具体展开对组织合法性生成的作用研究，在如何运用海外经营社会网络资源获取组织合法性方面，存在研究不足；仅理论解释和实证了组织合法性与海外经营绩效关系，而没有具体探讨它们的详细作用机理。以上研究不足，是本书未来的主要研究方向。

（一）采用纵向问卷调查研究方法

由于时间、精力、成本和可用资源的限制，本书没有采用纵向问卷调查研究方法，主要采用了自评量表研究方法。自评量表的好处是方便可行，特别是对不能被第三方观察到的因素比较有效。但是，也可能带来一些误差，如社会偏好的影响，以及共同方法偏差问题等。纵向问卷调查研究方法具有可以直接得出变量之间因果关系的功能。今后拟采用纵向问卷调查研究方法，重点研究变量之间的因果关系，提高研究结果的可靠性。

（二）完善企业海外经营社会网络与组织合法性生成关系模型

考虑到组织合法性生成模型的复杂性，本书没有就海外经营社会网络的结构、资源、治理、动态等特性展开对组织合法性生成的具体管理研究。今后研究拟将海外经营社会网络的结构、资源、治理、动态等因素引入模型中，构建更为具体的模型，更详细地解析海外经营社会网络与组织合法性生成关系，提高研究成果的实践指导意义。

（三）详细研究组织合法性对企业海外经营绩效的微观影响机理

由于本书重点研究了企业海外经营社会网络对组织合法性生成的作用关系，仅理论解释和实证了组织合法性与海外经营绩效的关系，而没有具体探讨它们的详细作用机理。今后拟在本书成果的基础上，重点研究组织合法性，包括实用合法性、道德合法性、认识合法性等对企业海外经营绩效的微观影响机理，不断丰富发展企业海外经营理论。

第二章　企业海外经营的组织合法性与社会网络研究

　　由于不熟悉东道国市场的经营惯例、文化习俗和消费者偏好，企业海外经营会面临信息不完全的问题。如果企业海外经营经验不足、市场调节能力不强，企业的海外经营将付出额外的成本。回顾中国 40 年来的海外经营历程，中国企业不仅付出了额外的成本，而且受到各种非市场因素的质疑。分析中国企业的成功经验和失败教训，本书认为，中国企业海外经营成败的关键是：构建和充分利用社会网络，培育组织合法性，而建立和利用社会网络能促进中国企业获得海外经营的组织合法性。本章将对中国企业海外经营的组织合法性以及社会网络进行剖析。

第一节　中国企业海外经营的再认识

一　中国企业海外经营的发展历程

　　21 世纪以来，随着全球经济一体化的深入，企业的国际化浪潮日益汹涌。为了响应中国政府的"走出去"战略，越来越多的中国企业开始进入国际市场，进行对外直接投资。根据中国企业海外投资的数量，我们可以将中国企业的海外经营发展历程划分为三个阶段（康荣平，2009）①：

　　第一阶段：1979—1995 年的转型期。1978 年，中国做出了改革开放的重大决策，对外投资的大门开始打开。在改革开放方针的指导下，国务院于 1979 年 8 月 13 日颁布了 15 项改革措施，其中，明确规定允许中国

---

① 康荣平：《中国企业海外投资：全球竞争和其他因素正在掀起新一波浪潮》，http://www.21cbr.com/home/space – 1010 – do – thread – id – 2057. html，2009 – 05 – 18。

企业出国办企业。1979 年 11 月，北京友谊商业服务公司与东京丸一商事株式会社合资在东京成立了"京和股份有限公司"，这是中国改革开放以来的第一家海外合资企业，标志着中国企业海外经营的开始。之后，一批国有企业开始"走出去"，其中比较典型的是首钢集团。在制定业务战略方面，这些企业与西方竞争对手相比存在较大的差别。由于种种原因，这些企业的海外经营多以失败告终。

第二阶段：1996—2003 年的"常规发展阶段"。这个阶段，海外经营的主力军是在市场化改革之后迅速成长起来的企业。在当时的国内生产能力过剩、廉价劳动力优势以及国内需求有限等因素的推动下，中国企业开始进入海外市场。竞争最为激烈的家电企业和摩托车企业率先在海外市场投资，寻找新的生存空间。海尔集团就是一个典型的例子。从海外经营路径模式来看，海尔集团走的是一条典型的渐进式海外经营路径。从海外经营的区域选择来看，海尔集团首先在中国香港设立外贸公司，然后依次涉足东南亚和欧美市场。在进入东南亚市场时，海尔集团选择先进入印度尼西亚，因为华商在印度尼西亚的影响力较大，然后进军英语和天主教的亚洲国家菲律宾。因此，海尔在对海外经营的区域选择中，不仅遵循地理上的由近及远的逐步拓展，而且遵循文化上的从相近文化到相异文化的逐步拓展。从海外经营的产品范围看，海尔集团遵循了从单一产品向多元化发展的道路。首先选择比当地竞争对手更具竞争优势的产品或业务渗入当地市场，然后逐步扩展产品线。应该说，海尔集团的渐进式海外经营模式与 Uppsala 模型或海外经营的学习学派所提倡的理念是一样的，都强调在逐步发展海外市场的过程中，逐步积累经验知识。在知识积累到一定程度再进一步拓展海外经营。

这个阶段，另一个成功进行海外经营的中国企业是华为公司，其海外经营模式也是典型的渐进式海外经营。华为基本上是沿着"心理距离"（Psychic Distance），由近到远地选择海外经营的区域。中国香港是华为海外经营的第一站。1996 年，华为与和记电信合作，提供以窄带交换机为核心产品的"商业网"产品，这次合作为华为取得了国际市场运作的经验。1997 年后，华为开始开拓发展中国家市场，首先，重点开发规模很大的俄罗斯和南美地区市场，然后进军泰国、新加坡、马来西亚等东南亚市场，以及中东、非洲等区域市场。此外，华为在进入模式的选择上，也遵循了从出口到合资再到创立销售、研发机构的过程。随着华为试验性活动的增加和对东道国经营活动的掌握，其对海外市场信心的日益增强，逐渐投入更多的资源。

第三阶段：2004年至今的加速发展期。2004年以来，中国企业出现了一些引人注目的并购现象。2004年，中国企业就在海外并购中大放异彩。上海汽车工业总公司（SAIC）出资5亿美元收购韩国双龙汽车的控股权；TCL以4.5亿欧元收购汤姆逊的TV RCA品牌，并全盘收购了阿尔卡特手机业务；联想集团出资17.5亿美元收购IBM的PC业务等。2004年，中国企业跨国并购占海外投资的比重从不足20%大幅度增长到31.8%，2005年增至53%，2006—2008年则达到30%—50%。因此，学术界和实践领域也将2004年之后称为"中国企业海外经营的加速发展阶段"。最近几年，中国企业的海外并购案例目不暇接。金融业（如中国工商银行、国家开发银行）、资源业（如中国铝业、兖州煤业）、能源业（如中国石油）、电信业（如中国电信、华为）都有海外并购的举动。根据商务部统计数据，2010年，中国资本海外并购金额为238亿美元，中国海外并购量达到创纪录的188宗。

二 中国企业海外经营的问题分析

考察中国企业海外并购发展历史，虽然有许多成功的案例，但也有不少失败的案例，如TCL收购汤姆逊和阿尔卡特手机、明基收购西门子、平安收购富通、上汽收购双龙、中国铝业并购力拓等。分析中国企业海外经营失败的原因，其中的一个重要原因是忽视了组织合法性与社会网络对海外经营的影响。

第一，忽视组织合法性，是中国企业海外并购失败的一个重要原因。对于被并购地和被并购企业来说，交易方案等经济因素仅是被并购企业的关注点之一。实际上，被并购地的政府、公众、媒体、被并购企业工会等利益相关者，更在乎经济持续发展、产业安全、民族情感与公众幸福等因素。这些价值取向构成了它们评判并购伙伴是否合意、适当和是否可接受的标准，即合法性评判标准。在海外并购中，中国企业能否持续地满足这些标准，成为能否达成并购、高效整合的关键。对于进入一个陌生的国际经济、社会文化环境开展生产经营活动的中国企业而言，获取组织合法性，对其生存与发展非常重要。

第二，忽视建构和运用社会网络，也是中国企业海外经营失败的一个重要因素。任晓（2006）① 研究发现，温州企业海外经营的一个重要载体就是海外社会网络。温州文化历来注重血缘、亲缘和地缘关系。温州商人之间比较诚信团结，乐意在同乡之间分享市场信息和资源。20 世纪 80 年代以来，随着中国经济外向度的快速提高，全球经济一体化进程的持续推进，近 40 万温州籍华侨成了温州企业海外经营最直接的代理人。这些温州籍华侨既了解国际市场，又了解国内生产状况，他们不仅给温州企业带来大量订单，还推动了温州企业的生产技术、设备的升级，海外专业人才的引进，以及温州企业管理水平和经营观念的创新。因此，温州企业在国际社会逐渐形成的海外社会网络，是温州企业海外经营的重要桥梁。这些海外社会网络背后的纽带，则是极其庞杂的亲缘关系，以及商业利益交织着纯粹的泛族群情感。联系网络成员关系的是一种信任机制。在商业往来中，即使网络成员存在争议与矛盾，也不可能产生机会主义倾向与机会主义行为。

与中国企业注重利用血缘、亲缘和地缘关系建立海外经营社会网络不同，西方跨国公司更注重与具有重要资源的政府、商界人士、商业协会建立密切的社会关系，形成社会网络。跨国公司在华子公司的高层管理者非常注重与当地政府、重要商界人士的个人友谊，他们通过多种方式在中国主流媒体上发布对其企业有利的信息，参加各种公益活动，甚至要求总公司的高层管理者访华，注重建立在华的社会网络。如摩托罗拉的高尔文、西门子的冯必乐、波音的康迪特等曾多次访问中国，并与中国政府和商界人士建立起良好关系。相对而言，在海外经营的中国企业，很少有公司高层管理者经常访问欧美国家，跟当地政府和主流商界建立和保持良好的关系，或者利用欧美主流媒体发布对本公司有利的新闻。

很多国家的在华商会也积极支持在华跨国公司建立社会网络，如德国、美国、日本、韩国等国的商会，都在中国主要经营地的高档写字楼设有办公室，并与中国各级政府和商业协会建立了密切、频繁的关系。有的商会（如韩国）甚至设有专门部门和人员负责与中国的官员、学术界、商会、媒体界进行联络和沟通，其目的就是通过各种经济网络、社会网络与该国企业建立良好的关系，及时获得商业情报，传递有利于该国企业的信息，并施加影响，促进有利于该国企业的政策法规推行。

---

① 任晓：《温州民营企业的国际化：一个观察样本》，《浙江经济》2006 年第 6 期。

遗憾的是，中国在美国还没有一个全国性的商会。虽然中国在美国也设立了一些商业协会，但这些协会的定位和主要职能仅局限于建立和发展中国企业家与海外华人的业务联系。他们没有资源和能力协助中国企业家与美国决策群体建立联系，也不能配合中国驻美大使馆从民间角度帮助中国的企业。

三　中国企业海外经营本质的再认识

经典的跨国公司理论以西方发达国家的跨国公司为研究对象，然后，中国企业在海外经营过程中不仅要与竞争对手在产品、市场等经济领域进行竞争，还要使其经营管理行为符合政治、文化等制度的要求、消除各种利益相关者的认知偏见。因此，中国企业海外经营的本质与发达国家的海外经营存在根本的差别。

对于发展中国家的企业而言，国际市场不仅仅是一个陌生的新市场，而且是一个"高级"市场。新的市场意味着国际市场与母国在法律法规、竞争规则、消费理念、消费行为、文化习俗等众多方面的不同。而"高级"市场则体现在国际市场中的消费者、公众对企业的经营管理行为、产品或服务有着更严格的要求。因此，对于发展中国家的企业而言，进入国际市场不仅仅是一种经营管理的决策过程，更是一种社会化过程，是一个获得制度合法和得到国际市场认可的过程，这一点对于处于社会主义国家体制下的中国企业而言尤其如此。此外，在海外经营中，中国企业可以借助各种社会网络，通过网络学习获取知识，并且通过社会网络来培养和提升各种海外经营所需的能力，获得东道国利益相关者的认可，进而提高海外经营绩效。因此，中国企业海外经营的本质是中国企业通过建立和管理社会网络，进行组织学习和能力培养，获得组织合法性，进而实现较高的海外经营绩效的过程。

第二节　企业海外经营的组织合法性

一　企业海外经营组织合法性的内涵及特征

企业海外经营的组织合法性，是指企业海外经营的行为被东道国社会认为具有适当性、恰当性和合意性的一般性的感知和假定。企业海外经营的组织合法性具有动态性和价值性特征。一是动态性。组织合法性是一种不可交易、社会复杂和需要时间建立的资源（Dierickx and Cool, 1989）。①并且，组织合法性是一种动态资源，它会因为企业制度战略的变化、组织行为和事件的影响，增加或减少合法性。一些行为能增加组织合法性，而一些行为则会削弱组织合法性。二是价值性。组织合法性既然是一种资源，那么组织合法性就具有产生竞争优势的能力。组织合法性能产生经济租金（Lounsbury and Glynn, 2001②; Oliver, 1997③），并且它由于其积累过程（路径依赖）而变得难以模仿。组织合法性不一定是稀缺的，但是，在某个特定时期和特定的环境下，组织合法性是稀缺的。组织合法性是企业经营所必需的资源。

二　企业海外经营组织合法性的类型

萨奇曼（1995）将组织合法性分为三个维度，即将组织合法性分为实用合法性、道德合法性和认知合法性三种类型。这是经济社会学对组织合法性维度经典的划分方法。因此，本书主要借鉴这一划分方法，将企业海外经营的组织合法性划分为实用合法性、道德合法性和认知合法性三种类型。

企业海外经营的实用合法性，是指企业海外经营中的产出、程序、结构和领导行为得到东道国社会（尤其是关键利益相关者）认可的程度。当企业为东道国市场提供了符合某一特定需求的服务或产品（如低成本但高质量的产品），其生产经营的流程、组织结构和领导行为符合东道国的社会文化时，企业就被赋予"实用合法"。因此，实用合法性产生于企业的直接利益相关者自利的打算。

企业海外经营的道德合法性，反映了东道国各利益相关者对企业及其活动是否道德的潜意识评价。与实用合法不同，道德合法不是依赖于某一行为是否会对评价者有利，而是根据该行为是否"正确"来判断。因此，道德合法性是利益相关者根据社会道德或社会利益来判断的。当企业海外经营不是根据利益相关者的经济利益来经营，而是依据社会规范来做社会

① Dierickx, I. and Cool, K., "Asset Stock Accumulation and Sustainability of Competitive Advantage" [J]. *Management Science*, 1989, 35 (12): 1504 – 1511.

② Lounsbury, M. and Glynn, M. A., "Cultural Entrepreneurship: Stories, Legitimacy, and the Acquisition of Resources" [J]. *Strategic Management Journal*, 2001, 22 (6/7): 545 – 564.

③ Oliver, C., "Sustainable Competitive Advantage: Combining Institutional and Resource Based Views" [J]. *Strategic Management Journal*, 1997, 18 (9): 697 – 713.

认为"正确的事情"时，其就被认为是"道德合法"。在这个意义上说，东道国社会追求组织的道德合法，可能意味着需要放弃实用合法的部分货币性价值。

企业海外经营的认知合法性，是指企业的结构、程序、业务、行为被东道国社会认为是"理所当然"的程度。认知合法性意味着企业的海外经营活动与东道国文化规则的一致。在东道国市场经营中，企业一旦获得认知合法性，那么，它的结构、程序、业务、行为就会被认为是理所当然、合乎情理的。当然，这三种合法性并不是彼此独立、毫无关系的。Kostava 和 Zaheer（1999）利用斯科特（1995）提出的制度环境的强制、认知和规范三个支柱分析跨国公司的组织合法性，这三个方面不一定是相互独立的，如代表规范性的价值观会影响到认知，也会被强制性所影响。认知和规范是通过教育及社会化过程而出现的，强制则受到政府和利益相互作用过程的影响。[①] 总的来说，从实用到道德到认知，合法性变得更加难以获得、更难操纵，但它也变得更加微妙、更加深刻，一旦确立会更加持久。

三 组织合法性对企业海外经营绩效的影响

已有研究表明，组织合法性可以增强稳定（Suchman，1995），确保生存（D'Aunno and Zuckerman，1987），获得灵活性（Barnett，1997）。[②] 具有组织合法性的组织被认为更有价值、更可预测以及更加可信（Suchman，1995），从而容易获得资源支持。Kostova 和 Zaheer（1999）[③] 研究发现，当组织是合适和适当的，它将更有可能被环境所接受，并得到环境的支持。Trevis 和 Hodge（2008）[④] 研究发现，组织合法性越高的组织，投资者会认为其更有可能获得高财务绩效。相反，当企业面临组织合法性威胁时，则会影响其在当地的经营许可或长期生存。Zaheer（1995），Kowtova 和 Zaheer（1999），Luo、Shenkar 和 Nyaw（2002）等研究发现，

---

① Kostova, T. and Zaheer, S., "Organization Legitimacy under Conditions of Complexity: The Case of the Multinational Enterprise" [J]. *Academy of Management Review*, 1999 (24): 64 – 81.

② Patel, Amisha M. and Xavier, Robina J. and Broom, Glen, "Toward a Model of Organizational Legitimacy in Public Relations Theory and Practice" [J]. *Proceedings International Communication Association Conference*, pp. 1 – 22.

③ Kostova, T. and S. Zaheer, "Organizational Legitimacy under Conditions of Complexity: The case of the Muldnadonal Enterprise" [J]. *Academy of Management Review*, 1999 (24): 64 – 81.

④ S. Trevis Certo, Frank Hodge, "Top Management Team Prestige and Organizational Legitimacy" [J]. *Journal of Managerial Issues*, 2008 (4): 461 – 477.

海外子公司获得东道国制度性环境中的组织合法性，有利于消除"陌生的负担"，从而改善其经营绩效。组织合法性是企业的一种资源，是一种"能够帮助组织获得其他资源的重要资源"（Zimmerman and Zeitz，2002）。

第三节　企业海外经营社会网络的解构

一　企业海外经营社会网络的性质

在工作生活中，中国企业的企业家、高层管理者以及员工通过亲缘、血缘、地缘、情缘、业缘等会与亲戚、朋友、同事等社会成员建立疏密不等的各类社会关系。另外，中国企业在日常的经营管理过程中，也会与上下游业务伙伴、合作伙伴、科研院所等组织形成超出经济利益的社会关系。因此，与中国企业存在社会关系的个人、群体、组织就构成了中国企业的社会网络成员。在海外经营过程中，这些网络成员有部分能为中国企业所用，成为中国企业海外经营的社会网络成员。中国企业及其员工与这些社会网络成员以及彼此之间的社会关系就形成了所谓的中国企业海外经营社会网络。海外经营企业的嵌入关系可以是基于亲缘、地缘、血缘等建立的关系，如海外华人关系网络、企业家和员工个人关系网络，也可以是基于业缘关系，如企业与长期业务伙伴间的关系。

二　企业海外经营社会网络的功能

总的来看，海外经营社会网络从以下三方面影响中国企业的海外经营行为：一是识别和把握国际市场机会，例如，通过客户关系进入海外市场；二是获取海外经营所需的信息和知识，特别是在海外经营的初期阶段，及时获取决策所需的市场信息能够加快企业国际扩张的速度；三是建立信任关系，与海外合作伙伴缔结战略联盟或实施其他形式的合作战略。Coviello 和 Munro（1995）[1] 在对新西兰软件企业国际创业活动进行实证研究后发现，这些企业往往通过网络关系来捕捉和利用国外市场机会。Deo 等

---

① Coviello, N. E. and Munro, H. J., "Growing the Entrepreneurial Firm: Networking for International Market Development" [J]. *European Journal of Marketing*, 1995 (29): 49–61.

(2003)[①] 通过案例研究考察了网络关系对国际创业过程的影响。在他们看来，国际创业过程就是通过网络学习过程。Oviatt 和 McDougall（2005）[②] 考察了网络关系的强度、规模和整体密度三个维度对国际创业活动的影响。他们认为：第一，在国际创业活动中，弱关系比强关系的作用更大。相对强关系而言，弱关系由于其数量众多，更利于获取有助于国际创业所需的信息、知识和渠道。第二，国际社会网络的规模越大，国际扩张所能涉及的国家或地区范围就越大，扩张的速度也越快。第三，在网络规模既定的情况下，松散型关系网络对于海外经营创业活动的支撑作用要小于紧密型关系网络。松散型关系网络仅仅是把相互独立的节点连接起来，尽管其能促进信息的获取，但是，难以推动默会知识的转移。相反，在紧密型的关系网络中，网络成员间通过频繁的互动，营造出信任和互惠的氛围，能推动默会知识的转移，降低交易成本，提高专用型资产投资，为国际创业活动提供更有效的支撑（薛求知、朱吉庆，2006）。[③]

三 企业海外经营的两种社会网络原型

按照社会网络形成与中国企业海外经营的时间先后关系，可以把中国企业海外经营的社会网络分为继承性网络和生成性网络两种原型。继承性网络是中国企业在进入海外市场前就已经存在的关系网络。[④] 在大多数情况下，亲缘、血缘、地缘、情缘等关系构成了经济生活中的继承性关系。对于进入国际市场的中国企业来说，继承性关系在与交易对象建立正式经济关系之前，彼此具有某种社会关系（如亲戚、同学、同乡、朋友等），或者间接地通过某种社会关系而建立经济关系。企业家或高层管理者在个

① Deo Sharma, and Anders Blomstermo, "The Internationalization Process of Born Globals: A Network View" [J]. *International Business Review*, 2003 (12): 739 - 743.

② Oviatt, B. M. and McDougall, P. P., "Defining International Entrepreneurship and Modeling the Speed of Internationalization" [J]. *Entrepreneurship Theory and Practice*, 2005, 29 (5): 537 - 553.

③ 薛求知、朱吉庆：《国际创业研究述评》，《外国经济与管理》2006 年第 7 期。

④ 实际上，继承性网络对于发展中国家企业的国际化非常重要。戴永红、秦永红（2008）的研究发现，印度企业拥有大量的国际化人才储备，包括具有长期海外工作经历、熟知国际商业惯例的管理型人才。他们正是企业拓展海外市场的灵魂人物。在印度国内经济难以吸收那么多高学历人才的年代，印度大批最优秀的专业人才都流向了海外，他们中有很多已成为跨国企业的中高层管理人员，还有一些在美国创办了自己的公司。这些印度的海外精英凭借其对国际市场以及印度国内情况的了解，为印度企业走向海外创造了机会。可以说，他们是推动印度软件企业走向国际市场的最初力量，也是引导企业走向海外的桥梁。参见戴永红、秦永红《印度软件企业国际化成功的社会文化因素》，《南亚研究季刊》2008 年第 2 期。

人生活中形成的人际关系（如朋友、老乡等）数量的多少和质量的高低，决定了企业海外经营中的关系资源总量的丰富程度。生成性网络是中国企业在进入海外市场后通过经营管理活动本身所创造和开发的人际关系网络。继承性网络和生成性网络都存在企业对资源建构与利用策略的选择问题。

四　企业海外经营的典型社会网络

企业家个人的社会网络、海外华人网络、企业社会网络是中国企业海外经营的三种典型社会网络。中国企业海外经营的经验表明，由于企业之间的关系网络对企业的战略思维、营造网络的投入和经营要求较高。因此，在海外经营时，民营企业、中小企业更加倚重企业家个人网络和海外华人网络，而国有企业、大型企业更注重与当地政府、权力机构等利益相关者建立社会关系网络。

（一）企业家的社会网络

企业家是作为社会的一分子而存在的，也就是说，企业家是嵌入于社会网络中的（Julie M. Hite et al. ，2001）。企业家网络是在交易过程中与企业家活动直接相关的一切关系以及由所有信息单元组成的维向量空间（陈扬、张骁，2006）。[①] 企业家网络可以为企业海外经营提供资金、信息、知识、人才等多种重要资源，提高企业海外经营竞争的能力，更好地应对海外经营风险，提高企业的市场开拓能力、融资能力等（Johanson and Mattsson，1988；Covilello et al. ，1998；Tootoonchi and Hassan，2005）。

企业家的社会网络是继承性网络和生成性网络的融合。一方面，在中国企业海外经营之前，企业家继承了诸多社会关系，拥有继承性社会网络。这些企业家主要分为以下几种：

第一种是归国华侨以及具有海外亲属的企业家。这部分企业家因为具有基于血缘、亲缘等基础的良好的"海外经营"网络，他们的企业从建立到发展都与海外经营有密切联系，因此较早进入国际化，他们比一般企业容易占据"结构洞"。这种类型的企业海外经营，在广东、福建以及浙江等省份比较普遍，而这种"结构洞"主要在改革开放初期明显。随着对外开放的逐渐增强，这种"结构洞"出现逐渐减少的趋势，这类企业

---

① 陈扬、张骁：《企业家特征、企业家网络与中小企业国际化》，《经济管理》2006 年第23期。

本来所拥有的很多信息优势和控制优势在逐渐下降。

第二种是企业家曾经在外企有长期的工作经历，或跟外企工作人员有较好的私人关系，在他们的帮助下成为某些海外公司的代理商或者原料供应商、零部件加工商等，以此加入海外经营的市场体系中。拥有此类网络的企业家因为具有信息优势，容易获得海外企业的信任，能极大地促进企业的海外经营进程。

第三种是那些具有海外留学和工作经历，或者在中国的外资企业中工作过的企业家，他们另起炉灶，自己创办公司。这一类企业家因为自身的经历，不仅具有很好的"海外经营"关系网络，而且自身对企业海外经营的各种技术和业务了如指掌。这些企业大部分是在经济全球化浪潮下出现的，它们本身就是诞生在一个经济全球化的网络之中。这些企业家的视野一开始就是全世界的经济舞台，对他们来说，加入世界市场的分工与合作是自然而然的事情（甄林萍、陈继明，2009）。[①]

另一方面，企业在海外经营之后，因为长期交往，不断地试探，反复博弈，企业家在这个过程中往往会形成企业家网络，这个过程可以简单地看成是先有企业网络，后有企业家网络。因为任何合作如果仅仅依靠法律契约来维持，它的成本必然会很高，而且法律制度不是能使合同顺利执行的充分条件。由于合同的不完备是一种客观存在，因此，法律对保障合同执行的作用也是有限的（刘东，2003）。企业的合作必然面临着风险，对这种风险的克服需要相互之间的充分信任，很多时候需要企业家网络的支持。

由于企业之间的关系网络对企业的战略思维、营造网络的投入和经营要求较高，因而对小企业来说可望而不可即。因此，对于小企业而言，企业家网络的作用是非常关键甚至决定性的。

（二）海外华人社会网络

海外华人社会网络是以宗亲关系、乡土关系和行业关系为纽带的社会网络，即人们常常说到的亲缘、地缘和业缘。海外华人社会网络的主要成员包括各种华人商业社团、华人社区、华人报纸、华人教育等团体和组织。

华人分布在世界各地，他们彼此熟悉、彼此联系，凭借他们可以把世

---

① 甄林萍、陈继明：《企业家网络与中小企业国际化发展的案例研究》，《财经界》2009 年第 4 期。

界各地的华商、华侨与其祖国和家乡故土联系在一起，凭借他们与世界各民族和各国商人的关系可以把他们的家乡故土与世界联系在一起。他们与中国有天然的联系，他们又是联结中国与西方商人的"黏合剂"。美国未来学家约翰·奈斯比特曾把华商企业之间的关系比作电脑的互联网络，说"那是很隐性的、复杂微妙的网络，华人家族企业其实就是宗亲和同乡之网，许许多多小网交织成一大面铺盖全球的网络"。这种说法并不夸张。华人也了解所在国国情和当地的文化风俗、思维方式，熟悉企业的商务模式和运营特点，因此，他们中的很多人为外国企业与中国的经贸合作提供咨询服务，成为当地企业开拓中国市场的顾问。他们甚至组织企业来中国投资，在投资咨询、金融服务等领域大显身手。

海内外华人之间具有割舍不断的亲情。利用海外华人网络，便于我国企业打开销售渠道；通过海外华人的人际关系网，便于我国企业熟悉东道国的投资环境，进入目标市场；利用海外华人的信用联系，可以增强我国企业的抗风险能力；通过华人网络，我国的企业还可获得更多的商业机会，获取技术、人才、自然资源等各种生产要素。

（三）企业社会网络

社会网络不一定是个人之间的人际网络，组织与组织之间也存在社会网络。虽然人情交换只存在于两个人之间，但社会交换也可发生在两个企业之间。它们通常是由两个企业高层管理者之间的良好私人关系演化和扩展而来的。罗家德等（2007）[①] 在研究中国台湾地区的高科技行业时发现，社会交换在外包服务商和制造商之间可看到。良好的额外服务包括：为临时订单加时工作、加入研发工作、在危机管理中提供帮助。这些额外服务无法由合约或者制造商的控制确定下来。可见，组织与组织之间的确存在社会网络，组织之间的社会网络不同于个人之间的社会网络。

在海外经营，企业是否建构了强大的社会网络也是一个关键要素。2007 年 9 月，海尔集团与私人资本运营公司 Blackstone Group 和 Bain Capital 组建的投资者集团曾对美泰（Maytag）公司表示，他们准备出价 12.8 亿美元收购这家大型家用电器生产商。一个月以后，海尔宣布退出对美泰的竞购。海尔为何会做出退出的决定？因为海尔对美国工会的阻挠力量仍

---

① 罗家德等：《社会资本和管理学》，华东理工大学出版社 2007 年版。

然缺乏足够的准备。在美国这样一个发达的市场经济国家，想并购一家美国公司，获得它的用户群、技术或研发能力，中国企业必须做好准备，同它的州政府、州议会乃至国会打交道。因此，海尔由于在美国缺乏有力的社会网络为并购宣传造势，是海尔退出的核心原因。

在海外经营过程中，中国企业与海外市场中的供应商、客户、经销商、媒体、当地政府、社会团体等组织进行经济互动。彼此的经济互动为各方建立良好的社会关系，为社会网络的形成提供了良好的机会。探讨经济网络和社会网络谁先谁后的问题，或者说探讨经济关系与社会关系谁先谁后的问题，具有重要的意义（王宇露，2008）。经济行为的"嵌入"概念，无论是波兰尼所说的制度嵌入或格拉诺维特所说的关系嵌入，都是指经济行为嵌入与其没有直接因果影响的社会制度规范或社会关系，认为具有社会关系的行为者附带展开经济行为，社会关系中存在的制度规范对经济行为起作用。在这个意义上说，经济行为嵌入社会关系及其社会规范之中，先有经济行为对于社会关系或社会制度规范的嵌入，后有社会关系和社会制度规范对经济行为产生影响。当前学术界主要是从这个角度上来探讨经济行为的嵌入的。正是受"经济行为的社会嵌入"思想的影响，学者往往也认为，经济网络嵌入社会网络，社会网络对经济网络起着决定作用。

但是，在企业经营实践中，也可能是经济行为者之间往往先存在经济关系，然后在重复的互动中形成规范和制度，并对经济行为者产生影响。尽管这种互动可能受到社会文化、社会制度规范的影响，但这种影响并非直接性的。在这种情况下，显然不是经济行为嵌入社会关系网络之中，而是经济行为对经济关系网络本身的嵌入，由此产生的制度、规范对经济行为起制约作用。这种社会制度规范是作为一种非原子化的经济行为者在经济行为的互动中生成的。因此，这种产生于经济互动中的制度规范显然与其他类型的社会制度规范不同。

因此，经济网络也可能是社会网络产生的源泉。在没有社会关系存在的情况下，经济主体之间也可能先形成一种相对稳定的经济交换关系，并在经济互动中形成信任、合作、互惠规范。可以认为，这就是很多学者提出的"商业也是强有力的文明化中介"的原因了。格拉诺维特也曾认为，人们进行生产与交换等经济行为也是在进行社会互动，并形成垂直或水平的非正式的、非制度化的关系网络。

　　实际上，社会网络的建构也受经济网络的深深影响。在研究商务人士之间的友谊时，Uzzi（1997）提出，商务人士之间的友谊可以从多方面进行解释，并不是以商务为中心的，也就是说，他们可能是嵌入的和社会建构的。他也注意到社会关系可能部分嵌入在经济关系中，也就是说，存在反向嵌入（Lynne Ann Pryor，2006）。[①] 这一点与格拉诺维特（1985）的"经济行为的社会嵌入"思想正好相反。

　　本书把人际社会网络形成的思想拓展到中国企业海外经营的社会网络，发现中国企业海外经营的社会网络，一方面有工具性的建构动机（经济建构），另一方面其形成也受到以前的社会关系网络的影响，因此，也存在社会建构。学术界把社会网络的建构既受到经济网络的影响，又受到社会网络影响的现象称为社会网络的双重建构。因此，中国企业海外经营的企业社会网络有两种生成途径：一是企业家或员工的个人社会网络衍生出来的企业社会网络；二是中国企业海外经营网络发展而来的企业社会网络。

　　当然，不同企业的海外经营社会网络受经济建构和社会建构的影响大小可能并不一样。舍恩谢克（Schonscheck，2000）注意到，为了实现业务利益而发展起来的业务友谊是偶尔的，是存在争议的，是范围狭窄的。各方把彼此看作是可替代的。随着工具性需要的变化，他们改变业务朋友。相反，完全的友谊则涉及互惠的爱，一个人对另一个人的感情是基于另一个人本身的属性。由此看来，社会建构成分多的社会网络将更加稳定，抵御机会主义行为的能力也会更强。然而，与人际网络不同的是，组织之间网络更多地受经济利益驱动。

第四节　企业海外经营社会网络的特性分析

一　企业海外经营社会网络的属性

迈克尔（Michael，1997）[②] 提出，网络由结构、资源、规范和动态四

　　① Lynne Ann Pryor, *Social Capital – Related Co – production in a Marketplace* ［D］. University of Nebraska, 2006.

　　② Michael Davern, "Social Networks and Economic Sociology: A Proposed Research Agenda for a More Complete Social Science" ［J］. *American Journal of Economics and Sociology*, 1997, 56（3）: 287 – 302.

个部分构成。结构部分主要关心网络内角色和关系的布局。所有角色都可看作是受社会关系和网络中的其他角色影响的节点。从结构理论视角看，网络是由一些节点以及节点之间的关系构成的。两个节点之间的关系有强弱之分，而整体关系可以通过网络密度等变量来刻画。

结构是刻画网络的一个重要维度，但并不是唯一维度。鲍迪欧（1997）[①] 研究社会网络与社会资本关系时提出："特定行动者占有的社会资本的数量，依赖于行动者可以有效地加以运用的关系网络的规模大小，依赖于和他有关系的每个人以自己的权利所占有的（经济的、文化的、象征的）资本数量的多少。"从鲍迪欧对社会资本的定义中不难发现，社会资本源自对关系网络的有效利用，"可以有效加以运用的关系网络"的规模、关系网络中的成员拥有可以调用资本的多少，决定了社会资本的多少。因此，网络成员的资源是网络的一个重要维度。迈克尔（1997）认为，资源是网络中的角色为了实现其目标而寻求帮助或支持的各种载体（如能力、知识、阶级、财产、种族、声誉和性别）。资源不仅是个人层面的特征，还是网络层面的特征。网络的资源部分，考虑了占据相似网络位置的人在角色资源方面存在的差异。通过分析资源在网络内的分配，研究者能确定个体通过网络关系获得非结构资源的数量。因此，资源是角色自己的资源以及通过关系间接获取的资源的函数。

网络的规范部分包括网络内治理角色行为的规则与认知（Coleman，1988，1990）。重要的规范包括特定网络成员之间的信任水平、网络治理的制度以及网络内执行这些规则的有效认可。社会网络的动态部分是研究最少的领域，同时也是能为社会经济过程提供大量启发思维的领域。这是因为，网络会因关系随时间的解体和建立而改变。

下文从网络结构、网络资源和网络规范三个方面分析企业海外经营社会网络的特性。网络的动态特性将在中国企业海外经营社会网络的演进部分进行分析。

二　企业海外经营社会网络的结构特性

社会嵌入理论是研究社会网络结构的经典理论。波兰尼（1944）首先提出了嵌入概念。他认为，在19世纪以前，经济行为是嵌入在社会关

①　Bourdieu，P.，"The Forms of Capital"，in A. Halsey，H. Lauder，P. Brown and A. Stuart Wells（eds.）*Education*：*Culture*，*Economy and Society*［M］．Oxford：Oxford University Press，1997.

系之中的。经济行为的根源或动机由各种非经济因素造成，而不单单只是图利。但19世纪以后，因为现代社会的市场交换已成长到足以从社会中分化出来，并且对社会产生日益深重的影响，经济脱离社会而按照自己的逻辑独自运作，经济不再是嵌入于社会关系之中。不仅如此，社会甚至反过来臣属于经济，造成"经济逻辑对社会逻辑的殖民"（张维安，2001）。[①] 在波兰尼提出嵌入概念后的40多年里，经济社会学者对这一概念的发展有限。直到1985年，格拉诺维特发表了《经济行为和社会结构：嵌入的问题》一文才促使社会嵌入理论成为经济社会学的研究热点。格拉诺维特（1985）批判了主流经济学中的社会化不足观点和社会学中的过度社会化观点。[②] 他提出，这两种貌似对立的观点实质上都是一种原子化个体行动的观点。这两种研究方法都犯了一个共同的错误，即将行为人的决策和行动与其所处的具体社会情境割裂开来，完全忽视了鲜活的社会现实、网络与行动者之间的相互作用。在经济学观点中，原子化来源于对自我利益的功利性追求；在社会学观点中，个人的行为模式已被过去的历程内在化，行为者只是按照过去形成的经验与判断机械地行事，原子化来源于过去的社会化过程。遗憾的是，现实中，行动应是行动者既不可能脱离社会背景而孤立地行动，也不会完全受社会限制、按社会外在规范行事，而是在具体、动态的社会关系制度中追求自身多重目标体系的实现。总之，格拉诺维特（1985）并没有简单地否定社会化不足与过度社会化任何一方，而是主张两者之间的相互支持与互相融合。1992年，格拉诺维特进一步将嵌入划分为关系嵌入和结构嵌入两个维度。[③] 这一分法得到了学者的广泛认同。

中国企业海外经营的社会网络结构也可从关系嵌入和结构嵌入两个维度来解构。关系嵌入是指海外经营社会网络成员的经济行为是嵌入于他与他人互动所形成的关系网络之中。社会网络中的某些因素，如各种规则性

---

① 张维安：《社会镶嵌与本土化研究——以关系网络与经济活动研究为例》，（台北）《教育与社会研究》2001年第6期。

② 有些学者把社会化不足的观点称为零嵌入性立场，把过度社会化的观点称为强嵌入立场，而把格拉诺维特的嵌入观点被称作适度嵌入（林竞君，2005）或弱嵌入（艾上钢，2005）。也有学者认为，过度社会化不是过度嵌入的同义语，社会化不足和过度社会化都是嵌入不足或零嵌入（李怀斌，2006）。

③ Granovetter, M. and Swedberg, R., *The Sociology of Economic Life* [M]. Boulder: Westview, 1992.

的期望、对相互赞同的渴求、互惠性原则都会对网络成员的经济决策与行为产生重要影响。与此同时，网络成员所在的社会网络又是与其他社会网络相联系的，并构成了整个社会的网络结构。因此，网络成员及其所在的网络是嵌入于由其构成的社会结构之中，并受到社会结构中的文化因素、价值因素的影响和决定。总之，结构嵌入是分析社会网络的整体构造对网络成员行为的影响。正是这两种网络嵌入，使中国企业海外经营社会网络成员之间产生了信任与互动，限制了机会主义行为，保证了商业活动的顺畅进行。

在社会网络分析方法中，社会关系的强度是描述社会关系嵌入的一个常用指标。本书也采用社会关系的强度来描述中国企业与海外经营社会网络中其他成员之间的关系嵌入。在社会网络分析方法中，学者采用网络规模、网络密度、网络簇等指标来描述网络的整体结构。网络规模是网络成员的多少；网络密度是衡量网络整体（或网络内某一个局部子网络）内部成员发生相互联系的密集程度；网络簇是指网络中由强关系联结起来的一组行动者（张其仔，2001）①，规模是个人网络最具代表性的定义（方壮志，2006）。本书主要关注中国企业海外经营社会网络规模。

三　企业海外经营社会网络的资源特性

中国企业所嵌入的海外经营社会网络是一种相互依赖的关系网络，关系网络中的成员按其在网络中的不同位置，有差别地占有资源和结构性地分配资源。不同成员拥有的资源类型和数量是不一样的。对每一种资源来说，资源的拥有者组成了一种层级结构和金字塔结构，也就是说，存在底部和顶部，并且顶部比底部小。此外，不同类型的资源具有不同的价值创造功能，我们把其称作资源的量能。量能取决于资源的属性，而不是资源的数量。一般来说，在能量较大资源的金字塔结构中，处于顶层位置的网络成员占据着社会网络的中心位置（王宇露，2009）。

在社会学中，差序分析是分析关系网络的一种重要方法。费孝通认为，西方现代社会的结构是"团体格局"，像"一捆一捆扎清楚的柴"，"谁是团体里的人，谁是团体外的人，不能模糊，一定得分清楚。在团体里的人是一伙，对于团体的关系是相同的，如果同一团体中有组别或等级

---

① 张其仔：《新经济社会学》，中国社会科学出版社2001年版，第42页。

的分别，那也是先规定的"；而中国传统社会的结构是"差序格局"。"社会关系是逐渐从一个一个人推出去的，是私人联系的增加，社会范围是一根根私人联系所构成的网络。""好像把一块石头丢在水面上所发生的一圈圈推出去的波纹。"（费孝通，1948）①

中国企业的海外经营社会网络是一个融合了"差序格局"和"团体格局"的社会网络。在中国企业嵌入的海外经营社会网络中，我们可以通过差序分析，找出作为网络中心和主导性社会要素的关键利益相关者，作为社会的"代言人"和企业社会嵌入的对象。从社会嵌入角度看，就是通过对海外经营社会网络的结构性嵌入分析，来识别网络核心成员的找"核"过程。其好处在于降低企业社会嵌入问题的复杂性，使企业避免细枝末节的干扰、遗漏某些重要的点或关系，把稀缺资源配置到冗余的点和关系上（李鹏翔等，2004；张文宏等，2004）。

关系对方拥有的资源量和稀缺性是决定通过私人社会关系获得资源效率的一个重要条件（石秀印，1999）。②③ 社会关系对象拥有资源的数量越多，企业越有可能从他那里获得资源；所拥有的资源越是稀缺，企业越有必要从他那里获得资源。中国企业在国际市场经营时拥有资源较多且较稀缺的社会成员，主要是东道国的新闻媒体、政府机构、客户、公众等。因此，中国企业与企业家个人社会网络、海外华人社会网络中的核心成员之间的强关系，能为其建立与东道国媒体、政府机构、公众之间的强关系提供了机会和途径，企业家个人社会网络成员、海外华人网络成员之间的弱关系则可为其提供"信息桥"的作用。

四　企业海外经营社会网络的治理特性

近期的关系治理研究发现，关系治理由两类因素组成：一类是结构规定因素，另一类是关系性规则，但是，具体由哪些因素组成，目前的研究

---

① 费孝通：《乡土中国》，江苏文艺出版社 2007 年版。

② 石秀印：《中国企业家成功的社会网络基础》，《管理世界》1999 年第 6 期。

③ 其他三个条件是对方出让资源的成本、双方关系的亲密度和双方关系的平衡状况。社会关系对象即使拥有丰富的资源，但如果他出让资源时要支付很高的成本，私有企业家也难以从那里获得资源。出让时的成本越低，越可出让资源。该成本包括两个方面：一是出让资源对所拥有资源的影响；二是出让资源可能导致的副作用。如果资源拥有者手中的资源是有限的，又是出让后就相应减少的，以及可能逐渐枯竭的，他就较少愿意出让这些资源。有形的物质型资源多具有这类特点。无形的"绿灯型"资源则具有相当的扩展弹性和非枯竭性，并不因出让而成比例减少。

并无定论（李新春、陈灿，2005）。① 一些研究者指出，在不同情况下，关系治理的组成因素是不同的。大量实证研究（如 Zaheer and Venkatraman，1995）② 都显示关系治理与信任相联系。Luo 和 Yeh（2004）③ 的研究也发现，在交易过程中，中国人倾向少用权利，多用信任，更使信任关系变成企业之间交易的治理结构的一环。本书根据中国企业的实际，提出了信任是关系治理的要素。中国企业海外经营社会网络成员之间的信任关系是私人信任和社会信任的融合。私人信任包括血缘、亲缘、地缘等纽带，它具有天然性，也就是说，"关系"的缔结无须经历任何市场交易或正式制度建立的谈判、实施、监督等环节，具有较低的建制成本。而社会信任则建立于法治、规章、制度等宏观正式契约基础之上（陈戈、储小平，2007）。④

中国企业与企业家个人网络、华人网络等网络成员之间的信任更多的是个人信任，并且这种个人信任是基于特殊关系导向的，往往是因为关系而产生的过程性信任，很少是因为制度与认同产生的一般性信任，而且一般性信任也可以源自特殊信任（因关系而对特定对象产生的信任，以区别于无特定对象，亦即对公司一般人或整个公司的信任）。⑤ 中国企业与商业伙伴之间的企业社会网络则更多的是基于社会信任。

---

① 李新春、陈灿：《家族企业的关系治理：一个探索性研究》，《中山大学学报》2005 年第 6 期。

② Zaheer, Akbarand, Venkatraman, N., "Relational Governance as an Interorganizational Strategy. An Empirical Test of the Role of Trust in Economic Exchange" [J]. *Strategic Management Journal*, 1995, 16 (5): 373 – 392.

③ Luo, Jar – Der and Yeh, Kevin, "The Transaction Cost – Embeddedness Approach to Study Chinese Subcontracting", Paper Presented in International Social Capital Conference: Communities, Organizations, Classes and Social Networks, Tai Chung, 2004, Dec. 12nd – 15th.

④ 陈戈、储小平：《家族企业成长过程中差序信任结构的动态演变》，2007 年中国制度经济学年会会议论文。

⑤ Zucker (1986) 描绘信任产生是建立在过程基础、特征基础和制度基础这三种来源上。过程基础信任是生根于社会连带的互动过程中，特征基础信任则建筑在社会的相似性上，制度基础信任来自个人在制度环境下的自信（Creed and Miles, 1996）。Shapiro、Sheppard 和 Cheraskin (1992) 提出一个相似的信任模型，它们是威胁基础、认识基础和认同基础信任。掌握了对方的利益，因利润—成本的理性计算产生相信对方会自我控制的威胁型信任，亲近和行为的可预测性制造了认识基础信任，从社会结合与社会相似导致我群意识，进而产生了认同基础的信任。Lewicki 和 Bunker (1996) 认为，这三种信任的类型是发展信任的三个阶段，而信任关系随着每一阶段的提升而变得更强。

第五节　企业海外经营社会网络的演进

一　网络演进轨迹：企业社会网络替代个人网络

中国企业海外经营社会网络的演进是中国企业海外经营演进过程中的重要一环。拥有网络、运用网络获取企业所需要的资源和制度环境支持，是企业建构和管理网络的最终目的。因此，在企业海外经营过程中，建构和管理企业家个人网络、华人网络关系的行为，要服从企业海外经营的战略。在海外经营初期，华人网络、企业家个人网络之间的关系在海外经营社会网络中占据主导地位，发挥着重要作用。至于企业社会网络和个人社会网络两种网络，在企业海外经营过程中所发挥的作用大小，是由网络的建构成本、运作成本来决定的。

海特和赫斯特利（Hite and Hesterly，2001）①把组织间网络分为基于身份的网络和基于计算的网络两类。基于身份的网络具有这样的特点：在基于身份的网络中，激励或影响经济行为的关系大部分基于个人或社会身份。因此，这种网络表明网络关系的身份——与谁存在关系——比特定的经济作用或关系能提供的资源更重要。基于身份的网络中由存在高度闭合和紧密的强嵌入关系构成。当较为疏远的关系没有提供资源的意愿时，这些强关系更有可能提供网络成员所需的资源。但是，由于基于身份的网络受到上述限制，与基于计算的网络相比，基于身份的网络相对规模更小、范围更窄、路径依赖更强。这就使基于身份的网络不可能满足网络成员早期成长日益增加的资源需求。与基于身份的网络相比，基于计算的网络具有提供更大的资源可获得性、降低更多环境不确定性的优势。基于计算的网络表明网络关系的建构目的和功能将比关系的身份更重要。在基于计算的网络中，中心行为者的关系主要受预期经济利益的激励。因此，与基于身份的网络相比，基于计算的网络中的弱关系比例很大，而弱关系比社会嵌入关系更接近市场，并且更可能是非剩余的、松散的、更可能跨越"结构洞"。

---

① Hite, Hesterly, "The Evolution of Firm Networks: From Emergence to Early Growth of the Firm" [J]. *Strategic Management Journal*, 2001 (22): 275 – 286.

　　中国企业海外经营所依托的企业家网络、华人网络等网络，是一种基于身份的网络。① 中国企业与海外市场各种利益相关者之间建立起来的企业社会网络，因为是受预期经济利益激励而建立并维系的网络，因此是一种基于计算的网络。中国企业海外经营社会网络演化的轨迹是企业社会网络代替个人社会网络的过程。在海外经营发展期，中国企业海外经营的社会网络多是个人网络，随着海外经营进程的深化，中国企业在国际市场的业务逐渐稳定，中国企业与各种利益相关者之间建立起了良好的社会网络，基于计算的社会网络则占据主导地位。

　　二　网络演进的动因1：交易成本节约

　　中国企业海外经营社会网络演化的一个动因是节约交易成本。正如前文所言，个人社会网络与企业社会网络依赖不同的信任机制。个人社会网络的治理更多地依赖于私人信任，而企业社会网络的治理则更多地依赖于社会信任。

　　社会信任的形成成本较高。这是因为，类似于"劳动分工受到市场规模的限制"的原理，社会信任的扩展受到企业规模的限制。在企业国际化成长初期，企业海外经营业务规模较小，制度分工程度也就较低，这就制约了社会信任的扩展程度，导致了企业在东道国较低的社会信任。因此，在企业国际化的成长初期，东道国的社会信任还不具备充分发展的充分条件——规范化的制度收益仍小于制度成本。表现在图2-1中就是社会信任曲线所处的初期高位。随着企业的海外经营销售规模逐渐扩大，企业逐渐得到东道国社会规范的认可，社会信任会随企业国际化成长出现"规模效益递增"。伴随东道国社会信任的扩展，企业的交易成本逐渐降低，表现在图2-1中就是交易成本曲线向下平移，从而使社会信任（交易成本）曲线呈非线性递减，且二阶导数大于零，但不会与横轴相交——社会信任永远不是免费的，即交易成本不等于零。另外，在海外经营初期，私人信任成本较低。随着海外经营的逐步深化，企业家个人网络和海外华人的局限性就显示出来，因为企业家、海外华人的"圈子"毕竟有限，网络资源毕竟有限。一旦私人信任无法继续扩展，中国企业就难以获得国际化成长所需的知识，国际化成长必然受到阻碍。所以说，私人

　　① Hite, Hesterly, "The Evolution of Firm Networks: From Emergence to Early Growth of the Firm" [J]. *Strategic Management Journal*, 2001 (22): 275-286.

信任的交易成本非线性递增，且二次导数为正。

如图 2-1 所示，在国际化成长初期，私人信任、社会信任的交易成本互有高低，两者共同构成了"关系与制度并存"的二元治理结构，但总的趋势是社会信任凸显，私人信任淡化。在国际化迅速成长期，私人信任的交易成本要大于社会信任成本（陈戈、储小平，2007）。[①] 中国企业海外经营过程也是追求最优的信任体系配置，追求信任结构的总交易成本最小化。

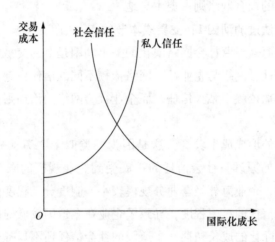

图 2-1　基于学习成本的中国企业海外经营社会网络演化

总之，中国企业海外经营社会网络演化的动因之一就是通过社会信任替代个人信任，从而达到降低交易成本的目的。

三　网络演进的动因 2：学习效果

学习知识和获得技能，是企业海外经营社会网络演进的另一个重要动因。建构和运用社会网络，是企业学习知识、获得技能的一个重要手段。由此，企业建构和运用海外经营社会网络，获取东道国的知识和技能，成为推动企业海外经营社会网络演进的重要力量。社会网络的学习效果取决于两个因素：一是社会网络成员提供的知识数量和质量；二是共享和转移知识的渠道。知识传输渠道的存在是知识转移的前提，传输渠道的丰富程度也

---

① 陈戈、储小平：《家族企业成长过程中差序信任结构的动态演变》，2007 年中国制度经济学年会论文。

会影响知识流动，如沟通的非正式开放、开放性以及密度等，因此，拓展企业海外经营社会网络范围和渠道，成为企业海外经营社会网络演进的主线。

在海外经营初期，个人网络成员，一方面起着直接知识源的作用，为中国企业提供国际市场信息。另一方面则扮演了网络中的"结构洞"（Structure Hole）、占据者或中介者的角色，为中国企业带来跨越边界的"信息收益"。根据美国社会学家罗纳德·伯特（R. Burt）的结构洞理论①，"结构洞"是社会网络中的某个自我和一些他人发生直接联系。但这些他人互相之间不发生直接联系。这些与他人无直接联系或关系间断的现象，从网络整体看，好像网络结构中出现了洞穴。伯特认为，在"结构洞"中，将无直接联系的两者连接起来的第三者拥有信息优势和控制优势。因此，在海外经营初期，中国企业能通过个人网络获得一些显性知识，同时在客观上学习了一些惯例。随着企业海外经营的深化，中国企业逐渐了解海外市场的社会文化、经济发展、政府经济法律政策等信息。此时，其迫切需要学习的知识变成了隐性知识，比如，如何提高交货的准确性、及时性，降低交货成本的相关诀窍或技能，如何处理和协调与海外客户、供应商、政府的关系技能等。而这些知识需要通过与企业社会网络中的成员进行深度的互动才能获得。因此，随着企业海外经营的逐渐成长，企业社会网络在中国企业社会网络的重要性逐渐超过个人社会网络（见图 2－2）。

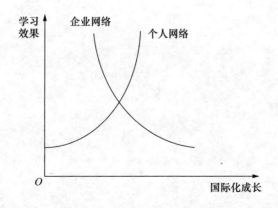

图 2－2　基于学习效果的中国企业海外经营社会网络演化

---

①　结构洞理论由伯特于 1992 年在其撰写的《结构洞：竞争的社会结构》一书中提出。

本章小结

本章在对中国企业海外经营实践进行考察的基础上，对中国企业海外经营的组织合法性和社会网络进行了较为系统的阐述。首先，讨论了中国企业海外经营组织合法性的内涵与特征、要素。其次，分析了中国企业海外经营社会网络的内涵和构成，提出了中国企业海外经营的两种社会网络原型，剖析了中国企业海外经营的典型社会网络，并从网络结构、网络内容和网络治理三个方面解构了中国企业海外经营的社会网络。在对中国企业海外经营社会网络进行静态研究后，对中国企业海外经营社会网络的动态演进过程进行了阐述。

第三章 理论模型与假设

第一节 社会网络与组织合法性生成
关系的理论模型

    中国企业在跨国经营过程中往往遭到当地政府、媒体和公众的负面评价。西方国家政府对中国企业的认识存在严重的偏差。西方政治体制是三权分立。在这种政治体制下，不同的部门、政党和利益集团都会可能对一个议题产生影响。而在有关中国的问题上，采取强硬态度似乎是各方都能接受的"政治观点"。因此，对中国企业的投资横加指责，便成了各方都乐意为之的事情。此外，中国与西方国家的关系中存在诸多敏感议题（如台湾问题、西藏问题、人权问题等），这些议题常常会影响中外双边关系，而重要投资项目往往更容易受到"大气候"的影响。一旦触及这些敏感议题，正常的商业交易很容易成为牺牲品。在西方国家，媒体尤其是主流媒体的影响力非常大。但是，受意识形态影响，西方主流媒体对于中国的报道一贯偏于负面。中国改革开放40年来的经济成就，也只是在近年才开始逐渐得到正面而公正的报道。在西方国家媒体意识中，中国与30年前的计划经济国家差别不大。中国的企业，特别是国有企业，就代表了中国政府，企业行为是政府意志的体现。除了媒体的偏见，公众偏见也是一个重要问题。由于制度差异以及媒体长期的片面报道，西方国家民众对中国的理解通常也较为片面。在西方国家公众眼中，中国一方面跟"共产主义色彩的、不民主的、落后、不讲卫生的"等形象相联系，另一方面又跟"经济快速发展的、潜在攻击性的、资源消耗大户、环境破坏者"等暴发户形象相联系。美国的一项民意调查显示，49%的美国人对中国有负面看法，46%的人认为中国不友好，57%的美国人认为美国对中国还不够强硬，47% 的美国人认为中国的崛起会威胁到美国在世界的地位。当然，导致中国企业在海外市场得不到认可的原因除了国外利益相关者对中国企业的偏见，中国企业自身由于对国际市场、文化差异认知不够，合理、有效处理与国外利益相关者关系的技巧欠缺等原因也是一个重要方面。

在海外市场经营时，中国企业通过融入当地的社会网络进行学习，在两个方面会有所突破：一是获得各种海外经营知识，对海外经营产生正确的认知。二是通过经验学习，形成了处理与东道国各种利益相关者关系的能力（以下简称关系能力）。这两方面的突破有助于中国企业在东道国建立和获得组织合法性。由此，我们建立了如图 3 – 1 所示的企业海外经营社会网络与组织合法性生成关系的理论模型。

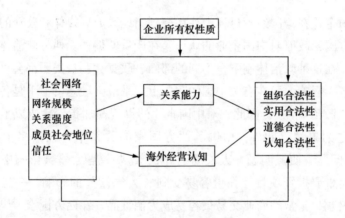

图 3 – 1　企业海外经营社会网络与组织合法性生成关系的理论模型

第二节　企业海外经营的社会网络对组织合法性的影响

通过东道国的社会网络，跨国公司获得了海外经营所必需的社会资源。社会资源是资源的一种基本形态，是社会行为得以发生的基础。[①] 吉登斯（Giddens，1981）将资源定义为"使事情发生的能力"。霍曼斯将

---

① 资源的含义比较广，它涵盖自然资源、经济资源、社会资源及人文资源等多种形态。

资源理解为某种物质性或非物质性的财产，他认为，社会互动和社会行为基本上可以理解为物质性或非物质性财产的交换（Homans，1958）。韦伯在定义社会互动时，将资源理解为"财产和机会"，而社会互动为"交换伙伴之间的利益妥协，通过这种利益妥协，财产和机会被作为相互的报酬而给予"（韦伯，1998）。林南则将有价值的资源定义为"在一个社会系统中，人们一致认为是有意义和有用的符号和物体"，"金钱，权力，声望都是社会资源"（林南，1989）。科尔曼则对资源做了更宽泛的理解，认为是那些能满足人们需要和利益的物品、非物品（例如信息）以及事件，如选举等（科尔曼，1999）。[1] 组织合法性是一种重要的社会资源。中国企业通过建立和维护东道国的社会网络，能够促进组织合法性的获取。

一 社会网络结构对组织合法性的影响

在社会学学者中，关于关系嵌入与社会资源获取的效果仍然存在争议，由此形成关系嵌入悖论（Uzzi，1992）。关系嵌入悖论指的是强关系（Larson，1992；Uzzi，1997）和弱关系（Granovetter，1973；Hansen，1999）。两者都被认为有助于资源的获取。格拉诺维特、林南等西方经济社会学家的研究发现，像强关系一样，弱关系也能带来社会资源。格拉诺维特（1973）在《弱关系的力量》一文中提出了"弱关系力量假设"，即弱关系是传递信息的有效桥梁，求职者更多的是通过朋友的朋友等弱关系来找到工作的。但是，在中国情境下，强关系对于找工作更有效果。弱关系的功能主要是传递信息，而中国强关系则提供了实质性的帮助，两者发挥的作用完全不同。林南在发展和修正格拉诺维特的"弱关系力量假设"时提出了自己的社会资源理论。他认为，那些嵌入于个人社会关系网络中的社会资源——权力、财富和声望，并不为个人所直接占有，而是通过个人的直接或间接的社会关系来获取。在一个分层的社会结构中，当行动者采取工具性行动时，如果弱关系的对象处于比行动者更高的地位，他所拥有的弱关系将比强关系给他带来更多的社会资源。个体社会关系网络的异质性、社会关系网络行动者的社会地位、个体与社会关系网络行动者的关系力量决定着个体所拥有的社会资源的数量和质量。而强关系观认为，行动者之间的社会关系越紧密，就越有利于企业获取高质量的信息和

---

[1] 曹子玮：《农民工的再建构社会网与网内资源流向》，《社会学研究》2003 年第 3 期。

进行默会知识的转移。如 Uzzi（1997）对美国纽约企业的调查发现，在同行业中，具有强关系的企业间更能够彼此交流知识。

面对"关系嵌入悖论"，中国企业究竟应该建立强关系还是弱关系来获取社会资源呢？事实上，存在关系嵌入悖论的一个重要原因在于西方国家与中国的理性化程度不同。在西方国家，由于理性化程度较高，工作信息流通之后的招聘主要依赖理性化的效率标准，而在中国这个关系社会中，由于理性化程度较低，人情关系在求职中起了重要作用。可以说，理性化程度较低的中国企业对社会关系的依赖度比理性化程度较高的西方国家企业更高。程恩富等（2002）[①] 对这一点也给予了解释。他们认为，不同的社会结构制造出不同的社会文化背景，其社会经济秩序的构成基础也就不同，并不存在一个普遍性的秩序构成基础问题。与美国不同，中国社会秩序的构成基础在于强关系网络而不在于弱关系网络。导致这种差异的原因在于：第一，中国是人际关系取向的传统行为模式；第二，中国人所处的缝隙经济文化中正式机构常常不可靠，因而导致非正式的信任机制发挥作用。因此，社会关系的强弱直接影响整个社会关系网络结构的稳定性，使社会关系网络表现出不同的性质，并对企业资源配置功能起了很大作用。东亚地区的一些实证研究也证明了强关系在中国社会网络中的重要性。渡边深 1985 年在东京地区主持的一项大型调查显示，日本是通过强关系寻找工作的。为了验证渡边深的结论，边燕杰 1988 年和 1999 年在天津进行了相同的调查，调查结果同样显示，中国的社会关系网络的特征是高趋同性、低异质性和高紧密性，格拉诺维特的弱关系假设中作为"信息桥"的弱关系的使用率不高；在中国经济处于转型时期，以血缘、亲缘、地缘、业缘关系为基础形成的特殊信任和规范的强关系使用频率却随着改革的不断推进而上升。[②]

中国文化对强关系的注重会延伸到中国企业海外经营的社会网络。在海外经营过程中，中国企业面对着陌生的市场环境和严重的信息不完全，更加依赖于与当地华人社团、企业家等建立的强关系。关系强度越大，越会使中国企业充分利用网络成员的资源获得组织合法性。

基于上述分析，本书提出假设 H1：

---

① 程恩富、彭文兵：《社会关系网络：企业新的资源配置方式》，《上海行政学院学报》2002 年第 2 期。

② 同上。

　　假设1a：在其他条件相同的情况下，中国企业海外经营社会网络的强度越大，其实用合法性越高。

　　假设1b：在其他条件相同的情况下，中国企业海外经营社会网络的强度越大，其道德合法性越高。

　　假设1c：在其他条件相同的情况下，中国企业海外经营社会网络的强度越大，其认知合法性越高。

　　网络成员的规模对网络成员的资源获取有着密切的关系。科尔曼（Coleman，1999）提出，个人的社会资源拥有量与个人参加的社会团体数量、个人的社会网规模和异质性程度有显著的正向关系。范成杰（2006）在对城市居民的个人背景与职业适应性关系的研究中发现，城市居民个人拥有的社会网络规模越大，其社会能力就越强，可以利用的资源也就越多，职业适应水平也就越高。中国企业海外经营社会网络的规模越大，其与关键的东道国利益相关者建立和维持良好社会关系的可能性就会越大，其获得市场信息的途径也会越多。由此，我们有理由认为，中国企业海外经营社会网络的规模越大，其组织合法性越高。

　　基于上述分析，本书提出假设H2：

　　假设2a：在其他条件相同的情况下，中国企业海外经营社会网络的规模越大，其实用合法性越高。

　　假设2b：在其他条件相同的情况下，中国企业海外经营社会网络的规模越大，其道德合法性越高。

　　假设2c：在其他条件相同的情况下，中国企业海外经营社会网络的规模越大，其认知合法性越高。

二　社会网络资源对组织合法性的影响

　　根据林南（1982）的社会资源理论，资源可分为两种：一种是个人拥有的资源，另一种是社会资源。社会成员因其拥有资源多少的不同及其重要性的不同而被分为不同的等级和层次。等级和层次越高者，可供支配的资源也越多。位高权重者所能够支配的资源不仅包括个人拥有的资源，也包括通过社会关系从他人处获取的资源。基于林南的社会资源理论，我们不难发现，网络成员的社会地位是反映网络成员资源拥有量的有效指标。中国企业海外经营社会网络成员的社会地位越高，社会权力就越大。而社会权利意味着其拥有通过其接近和控制网络中其他行动者资源的能力，这些直接和间接关系形成了行动者权利的部分基础。权利通常被定义为一方使另一方做某些它不得不做的事情的能力。权利可分为回报（或报答，Reward）权利、强迫权利、合法权利、专家权利、声望权利和参考权利等。中国企业在国际市场经营时，拥有资源较多且较稀缺的社会成员主要是东道国的新闻媒体、政府机构、公众。这些社会网络成员利用其专家权利、声望权利和参考权利等影响中国企业在东道国的利益相关者对中国企业的认知，其社会地位越高，对中国企业在东道国的利益相关者的影响力就越大。因此我们认为，中国企业海外经营社会网络成员的社会地位越高，中国企业在海外经营中的组织合法性就越高。

基于上述分析，本书提出假设 H3：

假设 3a：在其他条件相同的情况下，中国企业海外经营社会网络成员的社会地位越高，其实用合法性越高。

假设 3b：在其他条件相同的情况下，中国企业海外经营社会网络成员的社会地位越高，其道德合法性越高。

假设 3c：在其他条件相同的情况下，中国企业海外经营社会网络成员的社会地位越高，其认知合法性越高。

三　社会网络治理对组织合法性的影响

罗家德（2006）认为，自从格拉诺维特（1985）提出嵌入性理论以来，信任就被认为是人际关系与经济行动之间的中介变量，因为信任在经济行动中扮演了多重角色，它可以在组织内交易或市场上交易中降低交易成本（Granovetter，1985；Cummings and Bromiley，1996），一笔交易的治理结构取决于哪种结构的交易成本最低（Williamson，1979，1981），所以，交易中的信任关系间接地决定了治理结构的选择。而网络式治理更是以信任关系为基础，发展出以协商和善意合作为主要治理机制的结构（Powell，1990；Heide，1994）。在强调快速应变的企业网络中，相互信任可以促进团队精神，增进团队合作（Krackhardt and Hanson，1993），并有效地解决内部可能发生的冲突以及增加协商过程的顺利（Krackhardt，1992）。在海外市场经营时，中国企业与海外经营社会网络成员之间的信任程度越高，越有可能得到认可，获得组织合法性。

基于上述分析，本书提出假设 H4：

假设 4a：在其他条件相同的情况下，中国企业与海外经营社会网络成员之间越信任，其实用合法性越高。

假设 4b：在其他条件相同的情况下，中国企业与海外经营社会网络成员之间越信任,其道德合法性越高。

假设4c:在其他条件相同的情况下,中国企业与海外经营社会网络成员之间越信任,其认知合法性越高。

第三节 海外经营认知对组织合法性的影响

一 海外经营认知对组织合法性的直接影响

态度影响一个人的行为,它意味着某种行为或结果比其他行为或结果更可取。很多时候,中国企业的海外经营失利缘于其缺乏海外经营经验,对国际市场认可的行为缺乏认知。海外经营认知的缺乏影响了海外经营战略的选择和实施,进而导致得不到国际市场的认可。如沙因(Schein)认为,企业领导者对企业具有重大影响,他们的价值观会影响企业的道德环境。海外经营认知度的提高,有助于中国企业认识到国际市场所接受的企业经营管理行为,找到改善经营管理行为的方向,并主动去建立和改善与东道国利益相关者的关系,从而推动其获得组织合法性。

基于上述分析,本书提出假设 H5:

假设5a:在其他条件相同的情况下,中国企业的海外经营认知越充分,其实用合法性越高。

假设5b:在其他条件相同的情况下,中国企业的海外经营认知越充分,其道德合法性越高。

假设5c:在其他条件相同的情况下,中国企业的海外经营认知越充分,其认知合法性越高。

二 海外经营认知对组织合法性的中介影响

静宜大学教授吴成丰(2003)指出,一些华人学者的研究发现,"道德缺乏"的危机普遍出现在华人社会。还有学者调查发现,中国台湾、中国香港和中国大陆三地商业精英在对"贿赂""隐瞒上司或同事的违规"及"欺骗顾客"这三种现象的看法中,有一半以上的人抱着"不确定"或"可以接受"的态度,这种态度表现出强烈的"重利轻义"倾向。这说明中国企业在商业道德、社会责任等方面存在认知不足、重视不够的倾向。显然,中国企业以这样的商业道德和社会责任状态进入国际市场必然会碰壁。通过嵌入海外经营社会网络，中国企业能获得海外经营认知，进而获得国际市场的认可。其社会学原理表现在以下两个方面。

第一，社会嵌入通过社会规范的内化，能够自发地"把个体行为转化为整体秩序"。社会嵌入具有形塑作用。社会网络是变个人行动为总体形态的关键媒介，而网络的基本内容便是社会规范，这种"社会规范可以引导集体行为的方向"（Granovetter，2008）。① 也就是说，企业社会嵌入意味着企业与社会网络的融合以及社会规范的内化，在形成嵌入关系后，社会规范这个中间环节或转化器，会自发地使员工的"个体行为"转变为企业的"整体秩序"。由此，中国企业嵌入于海外经营的社会网络，社会网络中的规范会对中国企业的行为产生同化、模仿等作用，从而使中国企业获得东道国的社会规范，包括对社会责任的认识、道德意识的培养。

第二，社会嵌入通过社会规范获得隐性知识。企业嵌入的不是一般的社会和环境，而是一个正在进行的具象社会和比环境更生动具体的语境。从社会知识特性和结构上看，这个社会的信息表现形式就是本土的和现场的隐性知识。由于这种隐性知识分散掌握在外部客户等不同的社会主体手中，而且具有传递给所需要的人困难或不可能的黏性，由此导致各个社会主体对知识的无知，并产生"由于人类交互决策行为产生的社会不确定性"（Hayek，1973）。而企业通过与东道国利益相关者建立各种不同方式的社会嵌入，认同和遵守这种社会规范，而认同和遵守"这些规范不仅能够使行动者在拥有知识的时候交流或传播这些知识，而且还能够使他们在并不拥有必需的知识的时候应对无知。"（哈耶克，1997；邓正来，2001②）

中国企业嵌入海外经营的社会网络，能获得默会知识。中国企业与海外经营社会网络成员之间的关系强度越大，中国企业通过与相关主体的互

---

① 格拉诺维特后来又修正了自己的观点，他在 2007 年出版的论文集《嵌入——社会网与经济行动》序言中提出，个人活动导致集体行为往往有"成打的原因"，例如，出于个人成本效益的理性、非理性的冲动和盲从、家庭遗传的个性、特定地域的文化习俗、个人的政治信仰和价值观，等等。李怀斌（2008）认为，他的这个修正，不是排除和否定社会网络和社会规范的作用，而是补充和强调除了社会关系网络或其中的社会形塑，还有文化、政治和制度等方面的原因。

② 李怀斌：《经济组织的社会嵌入与社会形塑》，《中国工业经济》2008 年第 7 期。

动获得海外经营认知等默会知识的可能性越大。这是因为，当知识不可编码和默会时，知识在双方之间转移之前需要建立强关系。强关系允许单元之间的双边互动。由于接收方不可能在第一次互动中就完全获得不可编码的知识。因此，多种机会对于知识的吸收来说经常是必要的（Hansen，1999），这与莱恩和卢巴特金（Lane and Lubatkin，1998）的互动学习相似。两个单元互动越多，从对方学得的知识将越多。

基于上述分析，本书提出假设 H6、H7、H8 和 H9：

假设 6a：在其他条件相同的情况下，中国企业的海外经营认知在关系强度对实用合法性的影响中起中介作用。

假设 6b：在其他条件相同的情况下，中国企业的海外经营认知在关系强度对道德合法性的影响中起中介作用。

假设 6c：在其他条件相同的情况下，中国企业的海外经营认知在关系强度对认知合法性的影响中起中介作用。

假设 7a：在其他条件相同的情况下，中国企业的海外经营认知在网络规模对实用合法性的影响中起中介作用。

假设 7b：在其他条件相同的情况下，中国企业的海外经营认知在网络规模对道德合法性的影响中起中介作用。

假设 7c：在其他条件相同的情况下，中国企业的海外经营认知在网络规模对认知合法性的影响中起中介作用。

假设 8a：在其他条件相同的情况下，中国企业的海外经营认知在网络成员的社会地位对实用合法性的影响中起中介作用。

假设 8b：在其他条件相同的情况下，中国企业的海外经营认知在网络成员的社会地位对道德合法性的影响中起中介作用。

假设 8c：在其他条件相同的情况下，中国企业的海外经营认知在网络成员的社会地位对认知合法性的影响中起中介作用。

假设 9a：在其他条件相同的情况下，中国企业的海外经营认知在信任对实用合法性的影响中起中介作用。

假设 9b：在其他条件相同的情况下，中国企业的海外经营认知在信任对道德合法性的影响中起中介作用。

假设 9c：在其他条件相同的情况下，中国企业的海外经营认知在信任对认知合法性的影响中起中介作用。

第四节　关系能力对组织合法性的影响

一　关系能力对组织合法性的直接影响

Gianni Lorenzoni 和 Andrea Lipparini（1999）[1] 认为，企业网络是企业获取新知识和能力的重要来源，为了有效地管理企业嵌入的复杂关系束，组织必须发展与企业网络中其他企业互动的能力，即关系能力。它是一种基于吸收、组合和协调的能力，包括从其他企业吸收技能的能力、组合和协调大量企业的技术维度的能力、组合现有能力或产生新知识的能力。Gianni Lorenzoni 和 Andrea Lipparini 使用时序研究方法，考察了企业如何通过管理和设计网络，推动网络演化，进而获得网络资源的过程。遗憾的是，Gianni Lorenzoni 和 Andrea Lipparini 没有对关系能力的内涵、构成等问题进行深入研究。Manuel Rodriguez - Diaz 和 Tomas F. Espino - Rodriguez（2006）[2] 认为，关系能力可以被定义为管理企业之间共享资源的优越技巧。从过程视角看，它们也可以被定义为管理资源的技巧，这些资源在企业之间共享的单一过程中起着部分作用。莱克纳和道林（Lechner and Dowling，2003）[3] 认为，关系能力对于企业间网络的管理很重要，网络中心企业的关系能力是其选择合适伙伴以及建立和维持与其他企业关系的能力。中国企业的关系能力越强，越有利于更好地处理与网络成员间的矛盾和冲突，解决合作中的问题，从而有助于获得组织合法性。

基于上述分析，本书提出假设 H10：

假设 10a：在其他条件相同的情况下，中国企业的关系能力越强，其实用合法性越高。

假设 10b：在其他条件相同的情况下，中国企业的关系能力越强，其道德合法性越高。

---

① Gianni Lorenzoni and Andrea Lipparini，"The leveraging of interfirm relationships as a distinctive organizational capability"［J］. *Strategic Management Journal*，1999（20）：317 - 338.

② Manuel Rodriguez - Diaz，Tomas F. Espino - Rodriguez，"Developing relational capabilities in hotels"［J］. *International Journal of Contemporary Hospitality Management*，2006，18（1）：25 - 40.

③ Lechner，Dowling，"Firm Networks：External Relationships as Sources for the Growth and Competitiveness of Entrepreneurial Firms"［J］. *Entrepreneurship & Regional Development*，2003，15：1 - 26.

假设 10c：在其他条件相同的情况下，中国企业的关系能力越强，其认知合法性越高。

二　关系能力对组织合法性的中介影响

动态能力、联盟能力和演化经济学的研究说明，与组织能力最接近的概念是组织惯例（陈学光、徐金发，2007）。[①] 惯例构成能力的一个必要部分（Dosi et al.，2000）。[②] 它们抓住了从以往经验学得的教训，由此鼓励了采用和复制，而不用另起炉灶（Levitt and March，1988）。更具体地说，个体经验和技巧被认为是组织惯例的构成部分。它们由一套确保组织顺利运作的重复活动所构成，并且成为组织记忆的一个不可缺少的部分。

通过与海外经营社会网络成员之间的互动，中国企业得到了许多关于如何处理网络成员关系的惯例。这个过程是一个学习过程，而学习效果的好坏不仅取决于社会网络成员的传授意愿，而且取决于中国企业的学习机会多少。中国企业海外经营社会网络成员的规模越大，社会地位越显著，中国企业与社会网络成员之间的关系越密切，双方之间的信任程度越高，中国企业将有更多的机会与社会网络成员进行深入接触，并且得到社会网络成员的悉心传授。由此，中国企业的关系能力得以提高，进而促进了组织合法性的获得。

吸收能力的强弱也是影响中国企业关系能力形成的重要因素。吸收能力是指企业认识其外部信息价值并吸收和应用于商业终端的能力（Cohen and Levintha，1990）。企业的知识吸收能力将受到企业知识基础（包括先验知识与员工个人的知识）、学习努力程度以及学习方法、研发投入程度、学习机制四大因素的影响。中国企业在海外经营初期，往往缺乏对于东道国的先验知识。此时，如果有一个规模较大、能为其传播知识或提供知识的传播途径，并且有较为信任的社会网络支撑，中国企业将能弥补自身知识不足的缺陷，促使其迅速提高关系能力，进而促进组织合法性的获得。

基于上述分析，本书提出假设 H11、H12、H13 和 H14：

假设 11a：在其他条件相同的情况下，中国企业的关系能力在关系强度对实用合法性的影响中起中介作用。

假设 11b：在其他条件相同的情况下，中国企业的关系能力在关系强

---

① 陈学光、徐金发：《基于企业网络能力的创新网络研究》，《技术经济》2007 年第 3 期。

② Dosi, G., Nelson, R. R., Winter, S. G.（eds.），*The Nature and Dynamics of Organizational Capabilities*［M］. Oxford University Press：New York，2000.

度对道德合法性的影响中起中介作用。

假设11c：在其他条件相同的情况下，中国企业的关系能力在关系强度对认知合法性的影响中起中介作用。

假设12a：在其他条件相同的情况下，中国企业的关系能力在网络规模对实用合法性的影响中起中介作用。

假设12b：在其他条件相同的情况下，中国企业的关系能力在网络规模对道德合法性的影响中起中介作用。

假设12c：在其他条件相同的情况下，中国企业的关系能力在网络规模对认知合法性的影响中起中介作用。

假设13a：在其他条件相同的情况下，中国企业的关系能力在网络成员的社会地位对实用合法性的影响中起中介作用。

假设13b：在其他条件相同的情况下，中国企业的关系能力在网络成员的社会地位对道德合法性的影响中起中介作用。

假设13c：在其他条件相同的情况下，中国企业的关系能力在网络成员的社会地位对认知合法性的影响中起中介作用。

假设14a：在其他条件相同的情况下，中国企业的关系能力在信任对实用合法性的影响中起中介作用。

假设14b：在其他条件相同的情况下，中国企业的关系能力在信任对道德合法性的影响中起中介作用。

假设14c：在其他条件相同的情况下，中国企业的关系能力在信任对认知合法性的影响中起中介作用。

第五节　企业所有权性质对组织合法性的影响

中国企业在国际市场的经营实践表明，国有企业比民营企业的海外并购等经营活动更难以得到国际市场的认可。出现这一现象的原因，主要有以下三个方面：一是国有企业"走出去"常常遭受政治经济的限制。这除了国际市场的主观固有认知原因（他们倾向于认为国有企业代表了中国政府的经济利益和政治诉求），国有企业没有刻意避免给国际市场造成政治意图的印象也是一个重要原因。二是国有企业的海外经营社会网络弱于民营企业。三是国有企业对海外经营社会网络的利用意愿弱于民营企业。国有企业认为其有雄厚的物质资本，但海外经营认知却严重不足。国有企业留给国际市场的印象仅仅是财大气粗而已。但是，由于拥有较为先进的技术与管理能力，并且资金实力雄厚，国有企业可能比民营企业更容易得到东道国市场的能力认可。总而言之，企业所有权性质会调节海外经营社会网络与组织合法性之间的正向关系。

基于上述分析，本书提出假设 H15、H16、H17 和 H18：

假设 15a：在其他条件相同的情况下，中国企业的所有权性质对关系强度与实用合法性的正向关系起调节作用。

假设 15b：在其他条件相同的情况下，中国企业的所有权性质对关系强度与道德合法性的正向关系起调节作用。

假设 15c：在其他条件相同的情况下，中国企业的所有权性质对关系强度与认知合法性的正向关系起调节作用。

假设 16a：在其他条件相同的情况下，中国企业的所有权性质对网络规模与实用合法性的正向关系起调节作用。

假设 16b：在其他条件相同的情况下，中国企业的所有权性质对网络规模与道德合法性的正向关系起调节作用。

假设 16c：在其他条件相同的情况下，中国企业的所有权性质对网络规模与认知合法性的正向关系起调节作用。

假设 17a：在其他条件相同的情况下，中国企业的所有权性质对网络成员的社会地位与实用合法性的正向关系起调节作用。

假设 17b：在其他条件相同的情况下，中国企业的所有权性质对网络成员的社会地位与道德合法性的正向关系起调节作用。

假设 17c：在其他条件相同的情况下，中国企业的所有权性质对网络成员的社会地位与认知合法性的正向关系起调节作用。

假设 18a：在其他条件相同的情况下，中国企业的所有权性质对信任与实用合法性的正向关系起调节作用。

假设 18b：在其他条件相同的情况下，中国企业的所有权性质对信任与道德合法性的正向关系起调节作用。

假设 18c：在其他条件相同的情况下，中国企业的所有权性质对信任与认知合法性的正向关系起调节作用。

第六节　组织合法性与海外经营绩效
关系的理论模型

在国外市场经营时，中国企业的生存和发展依赖于利益相关者对它的主观感知而不是实际财务绩效（Delmar and Shane，2004）。具有合法性的组织被认为更有价值、更可预测以及更加可信（Suchman，1995），从而易于获得资源支持。Trevis Certo 和 Frank Hodge（2007）研究发现，投资者会认为，合法性高的企业更有可能获得较高的财务绩效。相反，如果企业面临合法性的威胁，其在当地的经营许可或长期生存会受到负面影响。由此，我们建立了如图 3 - 2 所示的企业海外经营的组织合法性与海外经营绩效关系的理论模型。

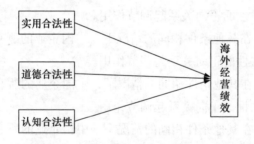

图 3 - 2　企业海外经营的组织合法性与海外经营绩效关系的理论模型

第七节　企业海外经营的组织合法性对
海外经营绩效的影响

具有合法性的组织被认为更有价值、更可预测以及更加可信，从而易于获得资源支持。Kostova 和 Zaheer（1999）① 研究发现，当组织是合适和适当时，它将更有可能被环境所接受，并得到环境的支持。Trevis Certo

---

① Kostova, T. and S. Zaheer, "Organizational Legitimacy under Conditions of Complexity: The case of the Muldnadonal Enterprise" [J] . *Academy of Management Review*, 1999 (24): 64 - 81.

和 Frank Hodge（2008）[①] 研究发现，合法性越高的组织，投资者会认为其更有可能获得高财务绩效。相反，当企业面临合法性威胁时，则会影响其在当地的经营许可或长期生存。

Livesey 和 Kearins（2002）在对跨国公司环境合法性（认知合法性的一种）研究中发现，低的环境合法性将会给跨国公司的股价和公司营利性带来风险。当企业对外界表现出环境合法性形象时，可以通过先发优势提高企业声誉，并为企业在环境实践中的话语权创造机会，从而获得社会认可，并表现出企业的社会响应效果。具有环境合法性的企业通常被视为更具"关怀"的企业，可以避免来自监管部门、非官方组织、媒体或消费者团体对企业环境绩效的监督和审查，这些监督和审查常常代价高昂，是企业所不期望发生的（Bansal and Clelland，2004）。[②]

对于中国企业而言，其在东道国的组织合法性越高，越有助于降低市场拓展成本，获得高市场溢价。这是因为，大多数顾客会对其有较高的认可度，从而产生两种效应：一是口碑效应。顾客会主动选择口碑较好的企业。二是从众效应。顾客身边的影响群体对顾客的购买决策有很大的影响。为了避免遭受非议，得到影响群体的认可，顾客会选择合法性高的企业去消费。组织合法性的获得还会有助于中国企业在东道国获得优秀的人力资源。组织合法性的确立意味着组织会在员工的雇佣制度、薪酬福利等人力资源制度得到社会的认可，成为社会公众眼里具有吸引力的企业，由此会吸引优秀人才的加入，获得人力资源。组织合法性的确立也会使组织的生存概率增加，由此会提高其在金融机构中的信用，并且更容易获得财务资源。此外，中国企业在东道国的组织合法性越高，当地政府给予的支持会越多，当地主流媒体给予的正面报道也会越多，这都有助于中国企业形成差异化的品牌形象，推动海外经营绩效的改善。

基于上述分析，本书提出假设 H19：

假设 19a：在其他条件相同的情况下，中国企业的实用合法性越高，其海外经营绩效越好。

---

① S. Trevis Certo, Frank Hodge, "Top Management Team Prestige and Organizational Legitimacy" [J]. *Journal of Managerial Issues*, 2008（4）：461-477.

② Bansal, P. and Clelland, I., "Talking Trash: Legitimacy, Impression Management, and Unsystematic Risk in the Context of the Natural Environment" [J]. *Academy of Management Journal*, 2004, 47（1）：93-103.

假设 19b：在其他条件相同的情况下，中国企业的道德合法性越高，其海外经营绩效越好。

假设 19c：在其他条件相同的情况下，中国企业的认知合法性越高，其海外经营绩效越好。

第八节　实证模型的发展

综合以上分析，本书把企业海外经营社会网络与组织合法性生成关系实证模型概括如图 3 – 3 所示，将企业海外经营的组织合法性与海外经营绩效的关系实证模型概括如图 3 – 4 所示。下文将使用线性回归和分组回归分析方法来进行实证研究，对假设进行检验。

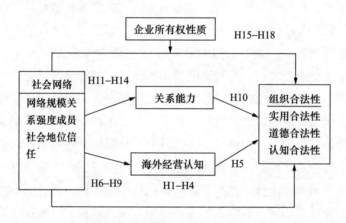

图 3 – 3　企业海外经营社会网络与组织合法性生成关系实证模型

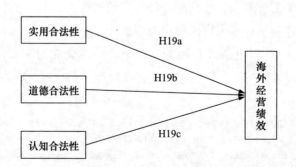

图 3 – 4　企业海外经营组织合法性与海外经营绩效关系实证模型

第九节　研究假设汇总

根据以上分析过程，本书得到中国企业海外经营社会网络与组织合法性生成，以及组织合法性与海外经营绩效关系模型的相关假设汇总如表 3 - 1 所示。

表 3 - 1　　　　　　　　　　研究假设汇总

序号	研究假设
假设 1a	在其他条件相同的情况下，中国企业海外经营社会网络的强度越大，其实用合法性越高
假设 1b	在其他条件相同的情况下，中国企业海外经营社会网络的强度越大，其道德合法性越高
假设 1c	在其他条件相同的情况下，中国企业海外经营社会网络的强度越大，其认知合法性越高
假设 2a	在其他条件相同的情况下，中国企业海外经营社会网络的规模越大，其实用合法性越高
假设 2b	在其他条件相同的情况下，中国企业海外经营社会网络的规模越大，其道德合法性越高
假设 2c	在其他条件相同的情况下，中国企业海外经营社会网络的规模越大，其认知合法性越高
假设 3a	在其他条件相同的情况下，中国企业海外经营社会网络成员的社会地位越高，其实用合法性越高
假设 3b	在其他条件相同的情况下，中国企业海外经营社会网络成员的社会地位越高，其道德合法性越高
假设 3c	在其他条件相同的情况下，中国企业海外经营社会网络成员的社会地位越高，其认知合法性越高
假设 4a	在其他条件相同的情况下，中国企业与海外经营社会网络成员之间越信任，其实用合法性越高
假设 4b	在其他条件相同的情况下，中国企业与海外经营社会网络成员之间越信任，其道德合法性越高
假设 4c	在其他条件相同的情况下，中国企业与海外经营社会网络成员之间越信任，其认知合法性越高

续表

序号	研究假设
假设 5a	在其他条件相同的情况下，中国企业的海外经营认知越充分，其实用合法性越高
假设 5b	在其他条件相同的情况下，中国企业的海外经营认知越充分，其道德合法性越高
假设 5c	在其他条件相同的情况下，中国企业的海外经营认知越充分，其认知合法性越高
假设 6a	在其他条件相同的情况下，中国企业的海外经营认知在关系强度对实用合法性的影响中起中介作用
假设 6b	在其他条件相同的情况下，中国企业的海外经营认知在关系强度对道德合法性的影响中起中介作用
假设 6c	在其他条件相同的情况下，中国企业的海外经营认知在关系强度对认知合法性的影响中起中介作用
假设 7a	在其他条件相同的情况下，中国企业的海外经营认知在网络规模对实用合法性的影响中起中介作用
假设 7b	在其他条件相同的情况下，中国企业的海外经营认知在网络规模对道德合法性的影响中起中介作用
假设 7c	在其他条件相同的情况下，中国企业的海外经营认知在网络规模对认知合法性的影响中起中介作用
假设 8a	在其他条件相同的情况下，中国企业的海外经营认知在网络成员的社会地位对实用合法性的影响中起中介作用
假设 8b	在其他条件相同的情况下，中国企业的海外经营认知在网络成员的社会地位对道德合法性的影响中起中介作用
假设 8c	在其他条件相同的情况下，中国企业的海外经营认知在网络成员的社会地位对认知合法性的影响中起中介作用
假设 9a	在其他条件相同的情况下，中国企业的海外经营认知在信任对实用合法性的影响中起中介作用
假设 9b	在其他条件相同的情况下，中国企业的海外经营认知在信任对道德合法性的影响中起中介作用
假设 9c	在其他条件相同的情况下，中国企业的海外经营认知在信任对认知合法性的影响中起中介作用
假设 10a	在其他条件相同的情况下，中国企业的关系能力越强，其实用合法性越高
假设 10b	在其他条件相同的情况下，中国企业的关系能力越强，其道德合法性越高
假设 10c	在其他条件相同的情况下，中国企业的关系能力越强，其认知合法性越高
假设 11a	在其他条件相同的情况下，中国企业的关系能力在关系强度对实用合法性的影响中起中介作用

续表

序号	研究假设
假设 11b	在其他条件相同的情况下，中国企业的关系能力在关系强度对道德合法性的影响中起中介作用
假设 11c	在其他条件相同的情况下，中国企业的关系能力在关系强度对认知合法性的影响中起中介作用
假设 12a	在其他条件相同的情况下，中国企业的关系能力在网络规模对实用合法性的影响中起中介作用
假设 12b	在其他条件相同的情况下，中国企业的关系能力在网络规模对道德合法性的影响中起中介作用
假设 12c	在其他条件相同的情况下，中国企业的关系能力在网络规模对认知合法性的影响中起中介作用
假设 13a	在其他条件相同的情况下，中国企业的关系能力在网络成员的社会地位对实用合法性的影响中起中介作用
假设 13b	在其他条件相同的情况下，中国企业的关系能力在网络成员的社会地位对道德合法性的影响中起中介作用
假设 13c	在其他条件相同的情况下，中国企业的关系能力在网络成员的社会地位对认知合法性的影响中起中介作用
假设 14a	在其他条件相同的情况下，中国企业的关系能力在信任对实用合法性的影响中起中介作用
假设 14b	在其他条件相同的情况下，中国企业的关系能力在信任对道德合法性的影响中起中介作用
假设 14c	在其他条件相同的情况下，中国企业的关系能力在信任对认知合法性的影响中起中介作用
假设 15a	在其他条件相同的情况下，中国企业的所有权性质对关系强度与实用合法性的正向关系起调节作用
假设 15b	在其他条件相同的情况下，中国企业的所有权性质对关系强度与道德合法性的正向关系起调节作用
假设 15c	在其他条件相同的情况下，中国企业的所有权性质对关系强度与认知合法性的正向关系起调节作用
假设 16a	在其他条件相同的情况下，中国企业的所有权性质对网络规模与实用合法性的正向关系起调节作用
假设 16b	在其他条件相同的情况下，中国企业的所有权性质对网络规模与道德合法性的正向关系起调节作用

续表

序号	研究假设
假设 16c	在其他条件相同的情况下，中国企业的所有权性质对网络规模与认知合法性的正向关系起调节作用
假设 17a	在其他条件相同的情况下，中国企业的所有权性质对网络成员的社会地位与实用合法性的正向关系起调节作用
假设 17b	在其他条件相同的情况下，中国企业的所有权性质对网络成员的社会地位与道德合法性的正向关系起调节作用
假设 17c	在其他条件相同的情况下，中国企业的所有权性质对网络成员的社会地位与认知合法性的正向关系起调节作用
假设 18a	在其他条件相同的情况下，中国企业的所有权性质对信任与实用合法性的正向关系起调节作用
假设 18b	在其他条件相同的情况下，中国企业的所有权性质对信任与道德合法性的正向关系起调节作用
假设 18c	在其他条件相同的情况下，中国企业的所有权性质对信任与认知合法性的正向关系起调节作用
假设 19a	在其他条件相同的情况下，中国企业的实用合法性越高，其海外经营绩效越好
假设 19b	在其他条件相同的情况下，中国企业的道德合法性越高，其海外经营绩效越好
假设 19c	在其他条件相同的情况下，中国企业的认知合法性越高，其海外经营绩效越好

本章小结

　　本章构建了企业海外经营的社会网络与组织合法性生成关系模型和组织合法性与海外经营绩效关系模型。具体分析了中国企业海外经营社会网络对组织合法性生成的直接作用，组织合法性与海外经营绩效的关系，关系能力、海外经营认知在海外经营社会网络对组织合法性生成影响的中介作用，以及企业所有权性质对海外经营社会网络与组织合法性之间关系的调节作用，并提出了相应的假设。

第四章　研究方法

本书通过问卷调查获得实证研究的数据。问卷调查的样本源自进行海外经营的中国企业。采用线性回归和分组回归分析方法，对问卷调查获得数据进行假设检验。在检验前文提出的理论假设之前，先进行小样本测试，确保量表的信度、效度以及样本的代表性。本章首先介绍实证研究设计的过程。其次讨论研究方法以及各变量的测量。最后本章通过信度分析和效度分析，对初始问卷进行预测试并修订问卷。

第一节　实证研究设计

一　测量工具的发展

考虑关于中国企业海外经营的社会网络与组织合法性等变量并没有现成的二手数据可以利用，本书采用问卷调查法，直接面向进行海外经营的中国企业收集一手数据。在量表设计方面，考虑现有的社会网络的关系强度、规模、社会地位、信任、海外经营绩效等量表已经比较成熟，本书在现有研究成果的基础上进行了适当的发展和完善，对于组织合法性、关系能力和海外经营认知目前还没有成熟的测量量表可使用，本书通过回顾相关文献确定变量维度，并通过访谈等方式确定测量的维度、题目，从而发展出组织合法性、关系能力和海外经营认知的测量量表。

本书采用李克特（Likert – type Scale）5 点量表来测量各变量。在问卷编码时，采用以下方式进行编码：完全反对（1）、反对（2）、中间立场（3）、同意（4）、完全同意（5）。为避免答卷者敷衍导致的研究误差，本书剔除了那些所有选项均选同一选项、数据缺失，以及前后回答明显矛盾的问卷。

本书部分量表是基于西方发达国家经济社会背景开发出来的量表，而组织合法性和关系能力等量表是自行设计的，考虑以上因素，为保证量表的信度和效度，本书采用了二次收集数据的方法。首先，进行小规模调研，对回收数据进行信度、效度预测试，根据预测试的结果来修订量表。其次，基于修订后的量表，进一步进行大样本调研，收集正式研究的数据。修订后量表的信度、效度分析结果表明，本书的量表修订工作对于提高量表的信度和效度非常有必要。

二　数据来源

（一）样本抽样方法

抽样方法多种多样，根据抽样方法是否遵循随机原则，可以将抽样方法分为非随机抽样和随机抽样两类。随机抽样的好处是样本有较强的代表性，能较好地代表总体的情况，但实施难度较大。[①] 由于随机抽样实施难度较大，实际研究中大多采用非随机抽样方法。为提高本书研究样本的代表性，本书尽可能地扩大样本来源区域，在北京、天津、浙江、江苏、上海、广州、南昌等经济发达程度不同、文化特征各异的地区发放问卷，并尽量扩大样本的覆盖面，做到样本企业的行业、资产总额、所有权性质等的分布较为广泛。

（二）样本数量的确定

样本数量的确定是实证研究的一个重要方面。鉴于其重要性，学者对样本量的确定提出了诸多论述。根据盖伊（Gay，1992）[②] 的研究，样本的大小应根据研究种类来确定，作为相关研究，样本数至少须在 30 份才能探究变量之间有无关系存在。巴特莱特等（Bartlett et al.，2001）[③] 认为，如果需要进行回归分析，样本总数和自变量个数之比应不低于 5∶1，最好是 10∶1；如果需要进行因子分析，样本总数应不低于 100 份。本书研究的有效样本数为 122 份，符合进行回归分析的要求。

（三）数据收集过程和方法

为获取企业界对组织合法性的认识，笔者对企业界和学术界的一些

---

① 即能提高研究结论的外部效度。

② Gay，L. R.，*Educational Research*：*Competencies for Analysis and Application* ［M］. New York：Merrill，1992.

③ Bartlett，J. E.，Kotrlik，J. W. and Higgins，C. C.，"Organizational Research：Determine Appropriate Sample Size in Survey Research"［J］. *Information Technology*，*Learning*，*and Performance Journal*，Spring，2001：43 – 50.

人士进行了访谈。通过这些访谈，笔者了解到组织合法性的内涵及各维度应包含的内容，以此为基础并结合相关研究设计出本书使用的原始问卷。

在原始问卷设计完成后，通过获取原始问卷的情况反馈，并对原始问卷做相应的修改。修改完成后，收集了 31 份问卷，进行预测试。通过预测试发现原始问卷设计上的不合理之处，并做相应的修改。由此得到了本书研究的正式问卷。

在正式分析数据收集阶段，通过向中国企业海外子公司的中、高层管理者（包括总经理、副总经理或者关键职能部门的经理）发放问卷，请他们代表所在公司填写相应问题。希望通过以上方式，提高样本的代表性和问卷的回收率。[①]

（四）数据收集结果

本书的数据收集分为预测试和正式数据收集两个阶段，持续时间为10 周左右，其间有两周时间用于修改问卷。问卷发放、收集情况如表 4–1 所示。从表 4–1 可知，本书在预测试阶段共发放问卷 45 份，回收问卷 38 份，回收率达到 84.4%，剔除无效问卷[②] 7 份，最终回收有效问卷 31 份，问卷有效率为 68.9%。因为本书在量表测试阶段主要通过私人关系发放问卷，所以回收率和有效问卷率较高。在收集正式样本阶段，本书共发放问卷 268 份，回收有效问卷 122 份，有效问卷率为 45.5%。正式样本主要通过随机抽样、借助私人关系、参加学术会议等方式获取，以邮寄问卷和现场发放方式回收问卷。由于收集问卷时涉及的区域广，可控性较差，因此，回收率和有效问卷率相对较低。

表 4–1　　　　　　　　　　数据收集情况

数据用途	发放问卷数量	回收数量	有效问卷数量	回收率（%）	问卷有效率（%）	备注
量表测试	45	38	31	84.4	68.9	主要通过私人关系发放问卷，回收率较高

---

① 问卷回收率较低时，可能存在样本偏误，即不应答的调查对象可能与应答的调查对象具有系统性的差异。控制这种偏误是问卷调查需要注意的重要问题之一。
② 无效问卷包括空白卷、关键数据缺失、数据循环、数据极端化、数据自相矛盾等情况。

续表

数据用途	发放问卷数量	回收数量	有效问卷数量	回收率（%）	问卷有效率（%）	备注
正式分析	120	42	30	35.0	25.0	随机抽取200家中国海外经营企业，采用邮寄问卷的方式发放
	148	123	92	83.1	62.2	通过私人关系、参加学术会议等方式发放问卷

第二节　变量的度量

一　自变量的度量

（一）社会网络关系强度

在经济社会学中，有很多学者对关系嵌入强度进行了定义，比如，格拉诺维特（1973）基于"时间数量、情感强度和亲密性以及关系的相互服务"这些组合来定义关系嵌入强度。Antonio Capaldo（2007）[1] 在格拉诺维特的最初定义基础上对组织之间关系嵌入强度进行了操作化。他把关系嵌入强度看作由时间维度、资源维度和社会维度三个维度的概念构成。安德森（Andersson，1996[2]，2002[3]）将关系嵌入分为业务嵌入和技术嵌入。业务嵌入是指企业对业务网络中其他网络行为者资源的适应程度。他使用下面两个题项来测量业务嵌入：与顾客和供应商的关系在多大程度上引起子公司业务行为的改变；与顾客和供应商存在直接联系的不同职能领域的数目。通过以下两个题项来测量技术嵌入：与顾客和供应商的关系在多大程度上引起子公司新产品探索的改变，以及新生产技术过程发展的改

---

① Antonio Capaldo, "Network Structure and Innovation: The Leveraging of a Dual Network as a Distinctive Relational Capability" [J] . *Strategic Management Journal*, 2007 (28): 585 – 608.

② Andersson, U., Mats Forsgren, "Subsidiary Embeddedness and Control in the Multinational Corporation" [J] . *International Business Review*, 1996 (5), 5: 487 – 508.

③ Andersson, U. et al., "The Strategic Impact of External Networks: Subsidiary Performance and Competence Development in the Multinational Corporation" [J] . *Strategic Management Journal*, 2002, 23 (11): 979 – 996.

变。马刚 (2005)[①] 通过企业之间在一定时间内的交往频率多少来测量关系嵌入强度。由于本书研究的是社会网络,因此更加强调网络成员之间的情感强度和亲密性。本书通过以下三个题项来测量中国企业与海外经营社会网络成员之间的关系强度:"我们和他们中大多数人关系非常亲近";"我们和他们中大多数人能和睦相处";"我们把他们中大部分人当朋友"。采用李克特 5 点量表,其中 1 代表"完全反对",5 代表"完全同意"。

(二) 网络规模

通过企业高层管理者的社会关系网络多寡和公司在当地的社会声望来测量中国企业海外经营社会网络的规模。这是因为,一般企业只有高层管理者的社会关系网络才能被企业所利用。本书通过以下 4 个题项来测量中国企业海外经营社会网络的规模:"我们公司的高层管理者在当地华人圈子中关系很广";"我们公司的高层管理者经常参加当地政府或协会举办的各种活动";"我们公司的高层管理者在当地工作过";"我们公司在当地的社会声望较高"。采用李克特 5 点量表,其中 1 代表"完全反对",5 代表"完全同意"。

(三) 网络成员的社会地位

网络成员的社会地位反映了其在网络中的重要性、支配性和权利,而社会网络中重要性、支配性和权利的度量问题也是近 20 多年来社会网络分析文献一直讨论的重要课题。诺特和伯特 (Knode and Burt, 1983) 这样来界定网络成员在网络中的"重要性":"如果一个网络成员与网络中其他成员的联系能使其脱颖而出的话,我们就认为这个网络成员是重要的。"该定义实质上将重要性等价于"显著性",强调了网络中的直接关系,但不能很好地处理间接关系。为了使研究人员能够更好地将较显著的成员定义为重要成员,也为了更好地理解这一概念的含义,诺特和伯特将显著性区分为核心性与声望两种类型。这两类指标的计算都以社会关系矩阵为基础。这种划分被认为是对"重要性"问题研究的一个重要贡献。核心性主要用来表示无向网络或有向网络中"发出"关系网中节点的重要性,声望指标主要反映有向网络中"接收"关系网中节点的重要性。

---

① 马刚:《基于战略网络视角的产业区企业竞争优势实证研究》,博士学位论文,浙江大学,2005 年,第 198 页。

弗里曼（Freeman，1979）在对前人关于核心性问题的研究进行梳理的基础上，对核心性概念给出了一个系统的定义，同时提出了一种新的核心性指标即中间度指标。

本书研究发现，社会地位是能综合反映海外经营社会网络成员资源拥有的指标。对于社会地位的综合性测量，在西方较流行的还有"社会经济地位量表"（Socioeconomic Score，SES）。SES 是对收入地位、教育地位、职业地位的综合测量，以一个综合值来反映一个人的综合社会地位高低。邓肯曾以职业声望、教育程度和薪资所得三个变量来建构美国的社会经济地位量表（SEI）。布劳和邓肯等（Blau and Duncan et al.，1967）美国学者通过统计方法路径分析建立了"地位获得模型"。尽管如此，一些对个人选择理论持怀疑态度的美国学者仍轻易地证明了，所有被用来测量影响社会地位的变量，还不到实际影响社会地位的变量的一半。国内学者也有用教育程度、家庭成员人均月收入、职业等指标，加权计算来测量居民社会地位的。

依据林南（2001）的观点，社会地位建立在声望（由社会网络和集体的认可程度来表示）的积累和分配的基础上，因为社会网络成员可以通过声望来获得他人支持，从而增强了个体在社会结构中对其他成员的影响力（石军伟，2007）。[①] 声望通常建立在展示成就、尊崇、荣耀和天赋魅力的基础之上，往往被用作划分社会阶层和等级的标准（Wegener，1992）。有声望的网络成员是那些能够得到其他成员广泛提名或普遍尊重的明星成员。在社会学中，声望的度量指标主要分为邻近度声望指标、名位声望指标和度声望指标三类。邻近度声望指标主要考虑成员 i 与其影响域中成员的接近程度。该指标定义为影响域内成员占所有其他成员的比例与影响域内成员到达 i 的平均距离之比。比值越大，声望越高。名位声望指标相对于邻近度声望指标，主要是影响域中的成员本身的影响度有所不同，名位声望指标认为，如果某个成员的影响域内都是有声望的成员，该成员也应是声望高的成员。如果一个成员的影响域内只包含外围成员，或者局部重要的成员，那么该成员的声望低（汪云林和韩伟一，2006）。[②] 为增强研究的可行性，本书使用度声望指标。

---

① 石军伟：《企业社会资本的功效结构：基于中国上市公司的实证研究》，《中国工业经济》2007 年第 2 期。

② 汪云林、韩伟一：《社会网络声望模型的分析与改进》，《系统工程》2006 年第 11 期。

社会网络理论用每个成员的入度来定义网络成员的度声望。为了方便网络之间比较，指标经归一化处理得到相对入度，该指标越大，成员的声望越高。度声望指标仅仅考虑了直接联系，因而只能反映网络的局部特性。

本书通过网络成员的网络声望来间接地测量其社会声望。网络成员的社会声望表明了其在网络成员中得到尊重、赞赏和认可的程度。网络成员的参考权利表明了其行为和思想对网络中其他成员的影响程度。网络成员的职业、社会关系、收入也在很大程度上决定了网络成员的社会声望。综上所述，本书通过社会声望、参考权利、职业、社会关系和收入五方面来测量网络成员的社会地位。通过以下 5 个题项来测量中国企业海外经营社会网络成员的社会地位："他们中的大多数人有着丰富的社会关系"；"他们中的大多数人受到当地人的敬重和认可"；"他们中的大多数人的行为和观点会对当地人产生很大影响"；"他们中的大多数人在各自工作单位任要职"；"他们中的大多数人属于高收入阶层"。采用李克特 5 点量表，其中 1 代表"完全反对"，5 代表"完全同意"。

（四）信任

对信任水平的定量研究最早出现在人际信任领域，Chow 和 Holden（1997）在对销售人员信任的研究中，采用了 3 个测项分别从风险、机会主义行为等方面进行了测度。Doney 和 Cannon（1997）的研究中用了 7 个测项来调查销售人员的信任，包括开放性、机会主义行为的风险等。Plank 等（1999）的研究侧重于友好性、服务意愿等，Gassenheimer 和 Manolis（2001）在此基础上增加了可靠性因素。

在对供应商人员信任的测量量表中，基本包括对人员公平、诚实和行为一致性等方面的测量（Doney and Cannon, 1997；Zaheer, McEvily and Perrone, 1998）。Doney 和 Cannon（1997）使用 5 个测量项目，包括谈判中的公平性、行为一致性、可信性以及利己性的测量。本书将这几个测量因素全部引用至量表中。

本书对 Doney 和 Cannon（1997）以及 Zaheer、McEvily 和 Perrone（1998）的研究中的测量因素进行综合，形成了 4 个测量项目。采用李克特 5 点量表，其中 1 代表"完全反对"，5 代表"完全同意"（见表 4 - 2）。

表 4 - 2　　　　　　　　　　　　　　信任的度量

构念	定义和说明	测项及来源
信任	一方在预期对方会实施对己方（施信方）很重要的行动时，愿意将己方的弱点暴露给对方，并忽略己方在双边关系中的监督和控制能力［根据迈耶等（Mayer et al., 1995）并作修改］	我们相信他们提供的信息和建议（Mayer and Davis, 1999）
		他们是诚实和值得信赖的（Caldwell, 2003）
		我们指望从他们那里获得帮助（Zaheer, 1998）
		他们对我们非常坦率（Cummings and Bromiley, 1995）

资料来源：根据相关文献整理设计。

二　因变量的度量

（一）组织合法性

有学者（Tilling, 2006）[①] 认为，试图直接度量组织合法性是一件主观的事情，研究者不能试图直接评估组织合法性，而应根据利益相关者提供的资源来测量。Hybels（1995）[②] 提出，研究者与其忙于抽象的组织合法过程研究，不如研究资源是如何从利益相关者那里流到组织的，以及沟通的模式与内容。依据 Kostova 和 Zaheer（1999）关于"组织合法性意味着组织被环境所接受"的观点，Trevis Certo 和 Frank Hodge（2008）[③]提出了组织合法性的 7 点量表，他们通过 4 个问题来询问四类环境要素：顾客、供应商、员工和竞争者对组织的接受情况。

Guido Palazzo、Andreas Georg Scherer（2006）[④] 认为，实用合法性是企业的产出、程序、结构和领导行为得到关键利益相关者认可的程度。Derick W. Brinkerhoff（2005）提出，实用合法性源自组织满足利益相关者

---

① Matthew V. Tilling, "Refinements to Legitimacy Theory in Social and Environmental Accounting" ［R］. Commerce Research Paper Series, 2006.

② Hybels, R. C., "On Legitimacy, Legitimation, and Organizations: A Critical Review and Integrative Theoretical Model" ［J］. *Academy of Management Journal*, Special Issue: Best Papers Proceedings, 1995: 241 -245.

③ S. Trevis Certo, Frank Hodge, "Top Management Team Prestige and Organizational Legitimacy" ［J］. *Journal of Managerial Issues*, 2008 (4): 461 -477.

④ Guido Palazzo, Andreas Georg Scherer, Corporate Legitimacy as Deliberation: A Political Framework. Paper Presented at the 2006 AoM Conference, Atlanta.

需求和预期的程度[①]，可把其作为组织与利益相关者之间的交换关系的函数。因此，实用合法性可细分为两类：一类是交换合法性。它源自组织与其利益相关者之间的直接交换。从概念上看，这种合法性类似于组织—环境互动的资源或权力互依模型。提供合法性或拒绝合法性的能力是利益相关者拥有的一种资源，而这一资源有助于组织的生存和长期持续成长。另一类是影响合法性。它对于产出难以衡量的组织来说非常重要。对于这些组织，它们经常以某些形式让利益相关者加入组织运作中来，由此可以促进组织获得这类利益相关者的认可。基于此，本书通过以下 3 个题项来测量组织的实用合法性："我们与顾客之间的交换是合理的、公平的"；"我们会让顾客参与产品生产和服务提供"；"我们在产品生产和服务提供中会认真听取顾客的意见"。采用李克特 5 点量表，其中 1 代表"完全反对"，5 代表"完全同意"。

结合萨奇曼（1995）和埃文斯（2005）[②] 的研究，本书认为，道德合法性或规范合法性的评价可从 4 个方面展开：一是关于产品和结果的评判。这是基于行动结果的评价。二是关于流程和技术的评价。三是关于类型和结构的评估。这是基于组织的结构特征在道德上是否受欢迎的评价。四是关于领导者和员工的评价。这是基于组织领导者和员工吸引力的评价。基于此，本书通过以下 5 个题项来测量组织的道德合法性："我们提供的产品和服务是受人欢迎的"；"我们提供产品和服务的过程是适当的"；"我们生产产品和提供服务的技术是合适的"；"我们的机构设置是可以理解的、适当的"；" 我们的领导和员工具有吸引力"。采用李克特 5 点量表，其中 1 代表"完全反对"，5 代表"完全同意"。

认知合法性来自组织并认为是"有意义"的程度。萨奇曼（1995）[③] 认为，有意义以两种方式运作：一种如果社会成员拥有文化框架使其能把组织解释为从事带来可接受的和有意义结果的综合行为，那么，组织就获得了基于综合性的认知合法性。另一种是如果社会接受组织的结构、程序、业务，认为它们是完全可以理解的、合适的，那么，这一组织就获得

---

① Derick W. Brinkerhoff, "Organizational Legitimacy, Capacity, and Capacity Development", European Centre for Development Policy Management March 2005.

② Samantha Evans, *Legitimacy in Charity Regulation*, 2005.

③ Suchman, Mark, "Managing legitimacy: Strategic and Institutional Approaches" [J] . *Academy of Management Review*, 1995, 20 (3): 571–610.

了基于"理所当然"的组织合法性。① 基于此，本书通过以下 3 个题项来
测量组织的认知合法性："我们已经成为当地社会生活中不可或缺的一部
分"；"在当地人看来，我们的存在是理所当然的，是完全可以理解的"；
"当地人都接受我们"。采用李克特 5 点量表，其中 1 代表"完全反对"，
5 代表"完全同意"。

（二）海外经营绩效

尽管采取绝对财务绩效更能增加实证研究的信度，但是，在大部分亚
洲国家，财务绩效指标往往作为企业的重要机密，要获得企业准确的绝对
财务绩效是相当困难的。本书对中国企业的访谈中也证实了这一点，绝大
多数企业都回避财务绩效。因此，目前在中国内地的实证研究大部分采取
的是相对绩效。而且，实证研究表明，企业的绝对财务绩效和相对财务绩
效之间存在很强的相关性。对于中国企业而言，海外经营的一个重要动机
是提高财务绩效。并且，在海外经营活动中，中国企业通常采用比较容易
量化、与企业长期以来的绩效评价方法相一致、容易为管理者所理解的海
外经营绩效指标，如海外销售额、海外销售利润等。因此，本书采取相对
财务绩效指标来度量海外经营绩效，具有以下题项："与您的预期期望或
战略计划相比，您对贵公司过去三年来的绩效指标满意程度，财务绩效指
标包括市场份额、销售增长率、税前利润率、投资回报率等。"题项以李
克特 5 点量表来衡量，其中 1 代表"完全反对"，5 代表"完全同意"。

三　中介变量的度量

（一）关系能力

基于对业务网络中业务关系的管理，Jarratt（2004）② 构建了关系管
理能力的分析框架。他认为，关系管理能力是一种动态能力，由运营能力
和整合能力来支持。运营能力包括专长、过去的经验、惯例和流程创新。
而整合能力提出了支持新知识的确定，扩散和应用的管理过程、系统、结
构和文化（Helfat，1997；Verona，1999）。运营能力即为关系基础能力，
而整合能力是关系学习能力和关系行为能力。由此，他把关系管理能力分
为关系基础能力、关系学习能力和关系行为能力三个维度。可以通过刻画

　　① Derick W. Brinkerhoff, Organizational Legitimacy, Capacity and Capacity Development, Public Management Research Association 8th Research Conference, University of Southern California, 2005.
　　② Jarratt, "Conceptualizing a Relationship Management Capability" [J]. *Marketing Theory*, 2004 (4): 287 – 309.

运营系统、过程和管理行为的多个变量来描述这三个维度。关系基础能力是指关系管理系统、关系管理经验和关系记忆，它支持了关系管理过程，为创造性学习提供了基础。关系学习能力包括关系管理的创造性学习和适应性学习。关系学习将产生关系管理知识，促进认知活动，并导致关系管理实践做出调整。关系行为能力包括关系合作、关系灵活性和关系改变，它支持学习和学习的扩散（合作）、伙伴或网络需求和市场变化的调整（灵活性），以及新关系管理知识在组织内或组织之间的执行（关系管理改变）。

Kale 等（2002）认为，关系能力由协调能力、关系技巧、伙伴知识和内部沟通四部分构成。在此基础上，Walter、Auer 和 Ritter（2006）[1]分析了关系能力以上四个构成要素之间的关系[2]，并进一步设计了度量关系能力的量表。协调活动是联结企业和其他企业，并且把不同个体关系联结到一个相互支持互动网络的边界扫描活动。关系技巧也被称作社会能力，由于业务关系经常处于人际交换状态，它被认为对于关系管理很重要。关系技巧包括沟通能力、外向性和冲突管理技巧、移情、情感稳定、自我反省、正义感和合作（Marshall et al.，2003）。伙伴知识是关于企业上游和下游伙伴（供应商和顾客）以及竞争者的组织化与结构化信息。伙伴知识稳定了企业在网络中必需的位置。这种知识是伙伴之间有效协调的前提，同时，它也因协调和内部沟通而发展。此外，关系能力概念也包括内部沟通。关于市场导向的研究已持续表明内部沟通对于响应和开放（Kumar et al.，1998；Narver and Slater，1990）、对于伙伴关系内的有效组织学习是必需的（Doz，1996）。Sivadas 和 Dwyer（2000）从关系视角指出，内部沟通是合作能力的一个必不可少的部分。他们认为，协调、关系技巧、伙伴知识和内部沟通四个部分是彼此互相支持的关系。关系能力会随着四个构成部分的增强而增强。

综上，本书把关系能力划分为以下两个维度：一是关系技巧（或社会能力），包括协调能力、冲突管理技巧、移情、情感稳定、自我反

---

① Walter, Auer, Ritter, "The Impact of Network Capabilities and Entrepreneurial Orientation on University Spin – off Performance" [J]. *Journal of Business Venturing*, 2006, 21: 541 – 567.

② Walter、Auer、Ritter（2006）在文中分析的是网络能力的构成，但根据其对网络能力内涵的界定，"网络能力是企业建立、维持和利用与各外部伙伴关系的能力"。本书认为，其所谓的网络能力实质上就是关系能力。

省、正义感和合作等维度；二是关系基础能力。关系能力的具体度量如表4-3所示。

表4-3 关系能力的度量

测量维度	具体题项	来源或依据
协调	我们可以灵活地处理与利益相关者的关系；我们会分析谁是最重要的利益相关者；我们知道如何与媒体建立和维持良好的关系	Walter、Auer 和 Ritter（2006）
冲突管理技巧	我们能建设性地解决与特定网络成员之间的问题；与社会网络成员发生冲突时，我们能够达成一个双方都能接受的方案	马刚（2005）
移情	我们可以使自己站在利益相关者的立场	Wilkinson 等（1994）
自我反省	我们提醒自己利益相关者的需求、偏好、特征；我们经常评价与社会网络成员的关系状况	Wilkinson 等（1994）
合作	我们能与利益相关者建立良好的私人关系；我们对社会网络成员所做的一切从未感到吃惊	Moller 等（1999）；Wilkinson 等（1994）
关系基础能力	我们会指定协调者负责协调我们与利益相关者的关系；我们将资源使用（如人力资源、财务资源等）与相应的个人关系匹配起来；我们对与社会网络成员的沟通方式和工作程序有明确规定；我们对重要的社会网络关系都有一个具体目标和计划	Carroll 和 Gillen（1987）

（二）海外经营认知

海外经营认知包括两个维度：一是海外经营意识。中国企业在海外经营时需要意识到意识形态的差异。不同意识形态的人在行为上会存在很大的差异。不同意识形态的人之间容易产生分歧和冲突。二是海外经营知识。海外经营知识可从两个方面来测量。一是海外制度性知识，包含海外法律和政策以及与东道国政府机构的联系两个方面。因此，本书共设计了两个题项来测量海外制度性知识。二是海外业务性知识，包含对海外竞争对手、客户需求、分析渠道、营销技巧的了解程度。因此，本书共设计了4个题项来测量海外业务性知识。每个题项以李克特5点量表衡量，其中1代表"完全反对"，5代表"完全同意"。

四　调节变量的度量

企业所有权性质作为本书的调节变量。不同所有权性质的企业在社会制度下面临的组织合法性冲击与构建需求并不一样。比如，尽管民营经济对于促进经济发展和改革进程发挥了巨大的作用，但这并不必然意味着其合法性地位，或者说其得到制度主体，特别是非正式制度的确认。事实上，正如张玉利和杜国臣（2007）[①] 所观察到的那样，尽管中国私人的创业活动最初得到了某种许可，但是，其与社会主流意识形态之间的关系却在相当长的时间内没有得到解决，这种组织合法性的缺失构成了创业的制度性障碍（如行业准入、市场准入、资源获取等方面的政策歧视）产生的重要原因。国际市场上也是如此，不同所有权性质的企业在国际上面临的组织合法性冲击与构建需求也不一样。一般来说，国有企业在海外经营中更容易受到政治质疑，而民营企业则容易受到能力质疑。本书将中国企业所有权性质划分为民营企业、国有企业和中外合资企业三类，并以虚拟变量 1 代表民营企业，2 代表国有企业，3 代表中外合资企业。

五　控制变量的度量

影响企业海外经营绩效的因素除了社会网络，还包括企业所属的行业、规模等控制变量。将这些控制变量纳入分析模型，可以帮助我们评价理论模型的正确与否，以及拒绝实证结果的其他解释。

（一）行业

行业对企业的海外经营有着重要影响。许多研究发现，零售业海外经营在许多方面不同于制造业海外经营，零售业海外经营比制造业海外经营更复杂（Dawson，2000；Elg，2003；Helfferich et al.，1997；McGoldrick，2002）。行业本身能推动企业进行全球一体化或做出本地响应。在中间品行业，如煤、钢铁和棉花，产品之间没有特别的差异，产品不需要进行本地响应，因此，其全球一体化程度很高。在消费品行业（如食品、布、服装），尽管有些产品能在全球任何地方销售，但越来越多的消费者要求根据其需要和要求来定制产品。当企业主要是在一体化程度很高的行业经营时，它们更有可能采取全球范围的高水平的环境管理体系，以确保其在所有经营所在地都能遵守或高于当地标准。在 2002 年全球环境管理行动年会上，可口可乐公司的公共实务和管理副总裁卡尔·韦尔（Carl Ware）

[①]　张玉利、杜国臣：《创业的合法性悖论》，《中国软科学》2007 年第 7 期。

指出："对于一个在 200 多个国家经营的企业，每一个国家都有自己的劳动和环境法规，这是一个非同寻常的令人沮丧的挑战。它迫使公司的管理要符合经营所在地不同的核心原则，并有利于全球社区、有利于企业、有利于股东"（Steele，2002）。

不同行业的企业受制度环境的影响不一样（郭毅等，2006）。[①] 斯科特和迈耶（Scott and Meyer，1991）[②] 强调在高度技术化的环境中，企业主要以实用合法化为主，即强调组织通过直接满足公众的利益而获取合法性的交换关系，如企业通过提供优质的服务而得到广泛的认可和支持。而在高度制度化的环境中，企业会更加遵循于认知合法性，即强调合法性源自社会认知而不是利益交换，认知合法性较之实用合法性更加难以获取和操纵，但是一旦确立，其影响更为深远，更倾向于自我保持。

（二）公司规模

大型企业更容易引起东道国利益相关者的关注，大型企业也更有可能投入更多资源去获取组织合法性。因此，企业的规模会对其获得组织合法性的可能性，对其海外经营绩效产生影响。因此，本书将企业规模作为控制变量，并以企业的资产总额作为衡量企业规模的指标。

第三节　量表预测试

一　信度分析

信度是指测量结果的一致性、稳定性及可靠性。在实证研究中，通常用信度来衡量结果的一致性或稳定性，量表结构是否合理，或者所选择的指标是否全面反映了对应事物的特征，以及指标的可信程度等。信度系数越高，说明该测验的结果越一致、稳定与可靠。评价信度的方法主要有再测信度、折半信度和克隆巴赫（Cronbach）α 信度三种。考虑三种方法的优缺点，以及本书研究的样本数量不太大，本书选择克隆巴赫 α 信度方法。按照纽纳利（Nunnally，1978）的标准，α > 0.9 为信度非常好，0.7 <

---

① 郭毅等：《管理学的批判力》，中国人民大学出版社 2006 年版，第 44 页。

② Scott，W. R.，J. W. Meyer，*The Organization of Societal Sectors*，in *The New Institutionalism in Organizational Analysis*［M］. W. W. Powell and P. J. DiMaggio，Editors，Chicago：University of Chicago Press，1991：108 – 140.

α < 0.9 为高信度，0.35 < α < 0.7 为中等信度，α < 0.35 为低信度。就社会科学研究来说，只要 α > 0.6，就可以认为问卷调查量表的信度能够接受。本书应用 SPSS 15.0 可靠性分析工具，对回收样本进行克隆巴赫 α 信度测试，判断量表的内部一致性。表 4－4 列出了本书总量表和各分量表的克隆巴赫 α 信度。从表 4－4 中可以发现，总量表和分量表的克隆巴赫 α 信度在 0.7 以上，说明本书量表的信度达到较理想的水平。

表 4－4   预测试问卷的克隆巴赫 α 信度测量

量表	克隆巴赫 α 信度	题项数量	处理方式
总量表	0.964	49	接受
网络规模	0.918	4	接受
关系强度	0.732	3	接受
社会地位	0.747	5	接受
信任	0.707	4	接受
关系能力	0.921	14	接受
海外经营认知	0.931	8	接受
组织合法性	0.905	11	接受

二 效度分析

在信度分析的基础上，本书进一步分析初始量表的效度。效度是指实证测量在多大程度上反映了变量的真实含义。由于关系能力、海外经营认知、组织合法性等量表是基于西方情境开发出来的，存在跨文化差异。因此，需要进一步分析其构念结构是否与原始量表的结构相一致。本书主要通过探索性因子分析方法对问卷各量表的结构效度进行分析。

（一）网络规模的效度分析

对变量之间相关性检验发现，KMO 值为 0.807[①]，高于 0.5 的可做因子分析的最低标准。巴特莱特半球体检验小于 0.001，拒绝相关矩阵

---

① KMO 测度从比较观测变量之间的简单相关系数和偏相关系数的相对大小出发，其值的变化范围为 0—1。当所有变量之间的偏相关系数的平方和远远小于简单相关系数的平方和时，KMO 值接近 1；KMO 值较小时，表明观测变量不适合做因子分析。实际操作中，通常按以下标准衡量：KMO 在 0.9 以上，表示非常好；0.8—0.9，表示很适合；0.7—0.8，表示适合；0.6—0.7，表示不太适合；0.5—0.6，表示很勉强；0.5 以下，表示不能接受（马庆国，2002）。

为单位矩阵的原假设，也支持因子分析。按照特征根大于 1 的原则和最大方差法正交旋转进行因子抽取，得到网络规模的单因子结构。因子载荷如表 4 - 5 所示（表中舍去了低于 0.5 的载荷值）。

表 4 - 5　　　　　　　　　网络规模的因子载荷矩阵

	因子 1
D1 我们公司的高层管理者在当地华人圈子中关系很广	0.928
D2 我们公司的高层管理者经常参加当地政府或协会举办的各种活动	0.882
D3 我们公司的高层管理者在当地工作过	0.882
D4 我们公司在当地的社会声望较高	0.924

（二）关系强度的效度分析

对变量之间相关性的检验发现，KMO 值为 0.654，高于 0.5 的可做因子分析的最低标准。巴特莱特半球体检验小于 0.001，拒绝相关矩阵为单位矩阵的原假设，也支持因子分析。按照特征根大于 1 的原则和最大方差法正交旋转进行因子抽取，得到关系强度的单因子结构。因子载荷如表 4 - 6 所示（表 4 - 6 中舍去了低于 0.5 的载荷值）。

表 4 - 6　　　　　　　　　关系强度的因子载荷矩阵

	因子 1
A1 我们和他们中大多数人关系非常亲近	0.860
A2 我们和他们中大多数人能和睦相处	0.820
A3 我们把他们中大部分人当朋友	0.745

（三）社会地位的效度分析

对变量之间相关性检验发现，KMO 值为 0.712，高于 0.5 的可做因子分析的最低标准。巴特莱特半球体检验小于 0.001，拒绝相关矩阵为单位矩阵的原假设，也支持因子分析。按照特征根大于 1 的原则和最大方差法正交旋转进行因子抽取，得到社会地位的两因子结构。各因子的载荷如表 4 - 7 所示（表中舍去了低于 0.5 的载荷值）。

表 4 - 7　　　　　　　　　　社会地位的因子载荷矩阵

	因子1	因子2
B1 他们中大多数人有着丰富的社会关系	0.739	
B2 他们中大多数人受到当地人的敬重和认可	0.829	
B3 他们中大多数人的行为和观点会对当地人产生很大影响	0.800	
B4 他们中大多数人在各自工作单位任要职		0.730
B5 他们中大多数人属于高收入阶层		0.941

（四）信任的效度分析

对变量之间相关性检验发现，KMO 值为 0.637，高于 0.5 的可做因子分析的最低标准。巴特莱特半球体检验小于 0.001，拒绝相关矩阵为单位矩阵的原假设，也支持因子分析。按照特征根大于 1 的原则和最大方差法正交旋转进行因子抽取，得到信任的单因子结构。因子载荷如表 4 - 8 所示（表中舍去了低于 0.5 的载荷值）。

表 4 - 8　　　　　　　　　　信任的因子载荷矩阵

	因子1
C1 我们相信他们提供的信息和建议	0.829
C2 他们是诚实和值得信赖的	0.707
C3 我们指望从他们那里获得帮助	0.648
C4 他们对我们非常坦率	0.743

（五）关系能力的效度分析

对变量之间相关性检验发现，KMO 值为 0.709，高于 0.5 的可做因子分析的最低标准。巴特莱特半球体检验小于 0.001，拒绝相关矩阵为单位矩阵的原假设，也支持因子分析。按照特征根大于 1 的原则和最大方差法正交旋转进行因子抽取，得到关系能力的两因子结构。各因子的载荷如表 4 - 9 所示（表中舍去了低于 0.5 的载荷值）。

表 4 - 9　　　　　　　　　关系能力的因子载荷矩阵

	因子 1	因子 2
E1 我们可以灵活地处理与社会网络成员的关系	0.577	0.554
E2 我们会分析谁是最重要的社会网络成员	0.692	
E3 我们会通过各种方式收集外界对我们的看法和意见	0.772	
E4 我们能建设性地解决与社会网络成员之间的问题	0.750	
E5 与社会网络成员发生冲突时，我们能够达成一个双方都能接受的方案	0.803	
E6 我们可以使自己站在社会网络成员的立场	0.717	
E7 我们提醒自己注意社会网络成员的需求、偏好、特征	0.780	
E8 我们经常评价与社会网络成员的关系状况	0.602	
E9 我们能与社会网络成员建立良好的私人关系		0.799
E10 我们对社会网络成员所做的一切从不感到吃惊		0.826
F1 我们会指定协调者负责协调我们与社会网络成员的关系		0.549
F2 我们将资源使用（如人力资源、财务资源等）与相应的个人关系匹配起来		0.571
F3 我们明确规定了与社会网络成员的沟通方式和工作程序		0.707
F4 我们对重要的社会关系都有一个具体目标和计划		0.732

（六）海外经营认知的效度分析

对变量之间相关性检验发现，KMO 值为 0.821，高于 0.5 的可做因子分析的最低标准。巴特莱特半球体检验小于 0.001，拒绝相关矩阵为单位矩阵的原假设，也支持因子分析。按照特征根大于 1 的原则和最大方差法正交旋转进行因子抽取，得到海外经营认知的两因子结构。各因子的载荷如表 4 - 10 所示（表中舍去了低于 0.5 的载荷值）。

表 4 - 10　　　　　　　　海外经营认知的因子载荷矩阵

	因子 1	因子 2
G1 我们非常了解海外法律和政策	0.917	
G2 我们与东道国政府机构有着良好的关系	0.772	
G3 我们非常了解海外竞争对手与竞争态势	0.888	

续表

	因子1	因子2
G4 我们非常了解海外客户的需求	0.862	
G5 我们非常了解海外市场的分销商	0.866	
G6 我们清楚地知道如何在海外市场进行有效营销	0.927	
H1 我们非常清楚中国与西方的意识形态差异		0.741
H2 意识形态会对人们的行为产生很大的影响		0.927

（七）组织合法性的效度分析

对变量之间相关性检验发现，KMO 值为 0.740，高于 0.5 的可做因子分析的最低标准。巴特莱特半球体检验小于 0.001，拒绝相关矩阵为单位矩阵的原假设，也支持因子分析。按照特征根大于 1 的原则和最大方差法正交旋转进行因子抽取，得到组织合法性的三因子结构。各因子的载荷如表 4 - 11 所示（表 4 - 11 中舍去了低于 0.5 的载荷值）。

表 4 - 11　　　　　　　组织合法性的因子载荷矩阵

	因子1	因子2	因子3
I1 我们与顾客间的交换是合理的、公平的		0.783	
I2 我们会让顾客参与到产品生产和服务提供中去		0.909	
I3 我们在产品生产和服务提供中会认真听取顾客的意见		0.784	
J1 我们提供的产品和服务是受人欢迎的			0.865
J2 我们提供产品和服务的过程是适当的			0.848
J3 我们生产产品和提供服务的技术是合适的			0.707
J4 我们的机构设置是可以理解的、适当的	0.852		
J5 我们的领导和员工具有吸引力	0.651		
K1 我们已成为当地社会生活中不可或缺的一部分	0.801		
K2 在当地人看来，我们的存在是理所当然的，是完全可以理解的	0.858		
K3 当地人都接受我们	0.659		

三　量表修订

基于预测试问卷的量表效度分析发现，问卷中某些题项进入其他维度中，说明原始问卷并不完全适合基于中国情境的研究，需要进行修订。考虑关系能力、海外经营认知和组织合法性的测量均是采用反映指标来度量各潜变量。也就是说，各个题项在潜变量的度量中具有平等地位。预测试结果发现，部分量表的个别题项没有进入其所属维度，为确保量表的可靠性，本书采用剔除存在问题的题项的办法来处理原始问卷。具体来说，关系能力量表中删除题项 E1、E9、E10；组织合法性量表中删除题项 J4、J5。经过以上处理可以得到经过修订后的问卷，详见附录 2。

本章小结

　　本章主要阐述研究方法和量表预测试方面的问题。在研究方法部分，本章从研究设计、数据收集、变量度量等方面对本书使用的研究方法进行了较为详细的阐述。在研究设计中，本书在对企业进行访谈的基础上，结合借鉴现有量表和自己开发量表的方法获得初始问卷。考虑跨文化差异等原因，初始问卷的信度、效度可能存在一定的问题。本书采用预测试方法对小样本调查进行检验，剔除存在问题的题项，进行修改后得到正式问卷。

第五章　数据分析

在假设检验之前，需要对大样本调查的数据进行初步分析，以确保样本的代表性。本章首先对研究数据进行描述性统计。统计结果表明，研究使用的数据具有很强的代表性，得出的结论具有较强的外部效度。其次对各变量进行了 Pearson 相关分析。分析结果表明，本研究模型、变量设计比较合理，同时，变量之间的多重共线性很小。① 再次对组织合法性、关系能力等变量进行了验证性因子分析。最后主要分析修订后的量表信度、效度，为后续的假设检验奠定基础。

第一节　描述性统计

描述性统计主要说明样本企业的行业分布、资产总额等基本信息。通过这些描述不仅可以初步了解研究样本，而且有助于理解研究的外部效度。本书针对样本的基本数据概况，通过 SPSS 15.0 分析统计的频数，做描述性统计，分析结果如表 5 – 1 和表 5 – 2 所示。

表 5 – 1　　　　　　　　　样本企业所属行业的描述性统计

企业所属行业	样本数量（个）	百分比（％）
采掘	4	3.3
化工	8	6.6
医药	4	3.3
信息	16	13.1

---

① 多重共线性会导致估计系数的方差很大，从而存在较大误差。本书对于多重共线性进行了严格控制，以保证研究结论具有较强的可靠性。

续表

企业所属行业	样本数量（个）	百分比（%）
咨询	20	16.4
制造	50	41.0
其他	20	16.4
合计	122	100

表 5 - 2　　　　　　　　　　样本企业资产总额的描述性统计

企业资产总额	样本数量（个）	百分比（%）
5000 万元以下	32	26.2
5000 万—5 亿元	30	24.6
5 亿元以上	60	49.2
合计	122	100

第二节　Pearson 相关分析和多重共线性分析

相关分析的目的是初步检查变量之间是否存在相互影响。通过相关分析，既可以初步判断模型设置或假设是否合理，也可以根据变量相关程度决定是否做共线性检测。本书运用 SPSS 15.0 对所有变量做 Pearson 相关分析，分析结果如表 5 - 3 所示。

按照威廉姆斯（Williams，1992）给出的相关系数评价标准，相关系数大于 0.7 为高度相关，介于 0.4—0.7 为中等相关，小于 0.4 为低度相关。从表 5 - 3 可以看出，作为因变量的实用合法性、道德合法性、认知合法性除了与社会地位无显著相关，以及认知合法性与信任无显著相关，与其他变量都有显著的相关关系。这表明本书的模型和假设的合理性较高，有进一步研究的价值。本书可以通过观察变量的相关系数来进行检验多重共线性。根据表 5 - 3 可知，除了因变量与其他变量的相关系数，大部分变量之间的相关系数均小于 0.4。根据共线性的判断标准，如果有超过 0.9 的变量，则会存在共线性问题；如果有超过 0.8 的变量，可能会有共线性问题。各观察变量的相关系数说明本书各变量的共线性问题并不严重。

表 5－3

变量的相关矩阵

变量名称	Mean	S.D.	1	2	3	4	5	6	7	8	9	10
1. 关系强度	3.781	0.6745	1									
2. 网络规模	3.508	0.9403	0.533 ***	1								
3. 社会地位	3.6098	0.54476	0.336 ***	0.181 **	1							
4. 信任	3.7131	0.53171	0.400 ***	0.319 ***	0.501 ***	1						
5. 海外经营认知	3.7787	0.82710	0.404 ***	0.611 ***	-0.057	0.169	1					
6. 关系能力	3.7303	0.63673	0.663 ***	0.706 ***	0.281 ***	0.350 ***	0.691 ***	1				
7. 实用合法性	4.2623	0.70187	0.291 ***	0.532 ***	-0.085	0.179 **	0.492 ***	0.487 ***	1			
8. 道德合法性	4.2814	0.66393	0.495 ***	0.473 ***	0.110	0.316 ***	0.571 ***	0.563 ***	0.625 ***	1		
9. 认知合法性	3.8005	0.90571	0.642 ***	0.633 ***	0.100	0.160	0.743 ***	0.669 ***	0.404 ***	0.543 ***	1	
10. 海外经营绩效	3.2459	1.04297	0.461 ***	0.651 ***	0.066	0.121	0.614 ***	0.633 ***	0.416 ***	0.395 ***	0.598 ***	1

注：*** 代表 $p<0.01$，** 代表 $p<0.05$，* 代表 $p<0.1$。

第三节　信度分析

运用 SPSS 15.0 对正式问卷的总量表和各分量表的克隆巴赫 α 信度分析发现（见表 5 - 4），除了信任分量表的克隆巴赫 α 信度值为 0.665，总量表和分量表的克隆巴赫 α 信度值均在 0.7 以上，说明本书使用的量表具有较高的信度。

表 5 - 4　　　　　　　　　正式测试问卷的克隆巴赫 α 信度测量

量表	克隆巴赫 α 信度	题项数量	处理方式
总量表	0.948	44	接受
网络规模	0.909	4	接受
关系强度	0.713	3	接受
社会地位	0.710	5	接受
信任	0.665	4	接受
关系能力	0.848	11	接受
海外经营认知	0.918	8	接受
组织合法性	0.867	9	接受

第四节　效度分析

对正式问卷的量表，本书采用 SPSS 15.0 对其效度进行分析。

一　网络规模的效度分析

对变量之间相关性的检验发现，KMO 值为 0.800，高于 0.5 的可做因子分析的最低标准。巴特莱特半球体检验小于 0.001，拒绝相关矩阵为单位矩阵的原假设，也支持因子分析。按照特征根大于 1 的原则和最大方差法正交旋转进行因子抽取，得到网络规模的单因子结构。因子载荷如表 5 - 5 所示（表 5 - 5 中舍去了低于 0.5 的载荷值）。

表 5 - 5	网络规模的因子载荷矩阵	因子 1
D1 我们公司的高层管理者在当地华人圈子中关系很广		0.920
D2 我们公司的高层管理者经常参加当地政府或协会举办的各种活动		0.870
D3 我们公司的高层管理者在当地工作过		0.876
D4 我们公司在当地的社会声望较高		0.917
方差解释比例（%）		80.273
总方差解释比例（%）		80.273

从表 5 – 5 可知，单个因子解释了总方差的 80.273%，观测变量对因子的载荷符合要求。因此，网络规模分量表的结构效度较好，网络规模分量表的设计可以通过。

二 关系强度的效度分析

对变量之间相关性检验发现，KMO 值为 0.655，高于 0.5 的可做因子分析的最低标准。巴特莱特半球体检验小于 0.001，拒绝相关矩阵为单位矩阵的原假设，也支持因子分析。按照特征根大于 1 的原则和最大方差法正交旋转进行因子抽取，得到关系强度的单因子结构。因子载荷如表 5 – 6 所示（表 5 – 6 中舍去了低于 0.5 的载荷值）。

表 5 – 6	关系强度的因子载荷矩阵	因子 1
A1 我们和他们中大多数人关系非常亲近		0.847
A2 我们和他们中大多数人能和睦相处		0.802
A3 我们把他们中大部分人当朋友		0.749
方差解释比例（%）		64.034
总方差解释比例（%）		64.034

从表 5 – 6 可知，单个因子解释了总方差的 64.034%，观测变量对因子的载荷符合要求。因此，关系强度分量表的结构效度较好，关系强度分量表的设计可以通过。

三 社会地位的效度分析

对变量之间相关性检验发现，KMO 值为 0.685，高于 0.5 的可做因子分析的最低标准。巴特莱特半球体检验小于 0.001，拒绝相关矩阵为单位矩阵的原假设，也支持因子分析。按照特征根大于 1 的原则和最大方差法正交旋转进行因子抽取，得到社会地位的两因子结构。各因子载荷如表 5-7 所示（表 5-7 中舍去了低于 0.5 的载荷值）。

表 5-7　　　　　　　　　　社会地位的因子载荷矩阵

	因子 1	因子 2
B1 他们中大多数人有着丰富的社会关系	0.712	
B2 他们中大多数人受到当地人的敬重和认可	0.811	
B3 他们中大多数人的行为和观点会对当地人产生很大影响	0.796	
B4 他们中大多数人在各自工作单位任要职		0.780
B5 他们中大多数人属于高收入阶层		0.925
方差解释比例（%）	47.304	21.906
总方差解释比例（%）	69.211	

从表 5-7 可知，两个因子解释了总方差的 69.211%，观测变量对因子的载荷符合要求。因此，社会地位分量表结构效度较好，社会地位分量表的设计可以通过。

四　信任的效度分析

对变量之间相关性检验发现，KMO 值为 0.603，高于 0.5 的可做因子分析的最低标准。巴特莱特半球体检验小于 0.001，拒绝相关矩阵为单位矩阵的原假设，也支持因子分析。按照特征根大于 1 的原则和最大方差法正交旋转进行因子抽取，得到信任的单因子结构。因子载荷如表 5-8 所示（表 5-8 中舍去了低于 0.5 的载荷值）。

表 5-8　　　　　　　　　　信任的因子载荷矩阵

	因子 1
C1 我们相信他们提供的信息和建议	0.817
C2 他们是诚实和值得信赖的	0.711
C3 我们指望从他们那里获得帮助	0.605
C4 他们对我们非常坦率	0.700
方差解释比例（%）	50.728
总方差解释比例（%）	50.728

从表 5 - 8 可知，单个因子解释了总方差的 50.728%，观测变量对因子的载荷符合要求。因此，信任分量表的结构效度较好，信任分量表的设计可以通过。

五　关系能力的效度分析

对变量之间相关性检验发现，KMO 值为 0.813，高于 0.5 的可做因子分析的最低标准。巴特莱特半球体检验小于 0.001，拒绝相关矩阵为单位矩阵的原假设，也支持因子分析。按照特征根大于 1 的原则和最大方差法正交旋转进行因子抽取，得到关系能力的两因子结构。各因子载荷如表 5 -9 所示（表 5 -9 中舍去了低于 0.5 的载荷值）。

表 5 -9　　　　　　　　　　关系能力的因子载荷矩阵

	因子 1	因子 2
E2 我们会分析谁是最重要的社会网络成员	0.719	
E5 我们会通过各种方式收集外界对我们的看法和意见	0.622	
E6 我们能建设性地解决与社会网络成员之间的问题	0.568	
E7 与社会网络成员发生冲突时，我们能够达成一个双方都能接受的方案	0.744	
E8 我们可以使自己站在社会网络成员的立场	0.562	
E9 我们提醒自己注意社会网络成员的需求、偏好、特征	0.814	
E10 我们经常评价与社会网络成员的关系状况	0.682	
F1 我们会指定协调者负责协调我们与社会网络成员的关系		0.604
F2 我们将资源使用（如人力资源、财务资源等）与相应的个人关系匹配起来		0.756
F3 我们明确规定了与社会网络成员的沟通方式和工作程序		0.812
F4 我们对重要的社会关系都有一个具体目标和计划		0.782
方差解释比例（%）	30.951	23.480
总方差解释比例（%）	50.431	

从表 5 -9 可知，两个因子解释了总方差的 50.431%，观测变量对因子的载荷符合要求。因此，该关系能力分量表的结构效度较好，关系能力分量表的设计可以通过。

六 海外经营认知的效度分析

对变量之间相关性检验发现，KMO 值为 0.805，高于 0.5 的可做因子分析的最低标准。巴特莱特半球体检验小于 0.001，拒绝相关矩阵为单位矩阵的原假设，也支持因子分析。按照特征根大于 1 的原则和最大方差法正交旋转进行因子抽取，得到海外经营认知的两因子结构。各因子载荷如表 5 - 10 所示（表 5 - 10 中舍去了低于 0.5 的载荷值）。

表 5 - 10 海外经营认知的因子载荷矩阵

	因子 1	因子 2
G1 我们非常了解海外法律和政策	0.913	
G2 我们与东道国政府机构有着良好的关系	0.770	
G3 我们非常了解海外竞争对手与竞争态势	0.886	
G4 我们非常了解海外客户的需求	0.864	
G5 我们非常了解海外市场的分销商	0.868	
G6 我们清楚地知道如何在海外市场进行有效营销	0.930	
H1 我们非常清楚中国与西方的意识形态差异		0.713
H2 意识形态会对人们的行为产生很大的影响		0.924
方差解释比例（%）	59.297	20.035
总方差解释比例（%）	79.332	

从表 5 - 10 可知，两个因子解释了总方差的 79.332%，观测变量对因子的载荷符合要求。因此，海外经营认知分量表的结构效度较好，海外经营认知分量表的设计可以通过。

七 组织合法性的效度分析

对变量之间相关性检验发现，KMO 值为 0.740，高于 0.5 的可做因子分析的最低标准。巴特莱特半球体检验小于 0.001，拒绝相关矩阵为单位矩阵的原假设，也支持因子分析。按照特征根大于 1 的原则和最大方差法正交旋转进行因子抽取，得到组织合法性的三因子结构。各因子载荷如表 5 - 11 所示（表 5 - 11 中舍去了低于 0.5 的载荷值）。

表5-11	组织合法性的因子载荷矩阵		
	因子1	因子2	因子3
I1 我们与顾客间的交换是合理的、公平的	0.753		
I2 我们会让顾客参与到产品生产和服务提供中去	0.823		
I3 我们在产品生产和服务提供中会认真听取顾客的意见	0.772		
J1 我们提供的产品和服务是受人欢迎的		0.855	
J2 我们提供产品和服务的过程是适当的		0.846	
J3 我们生产产品和提供服务的技术是合适的		0.775	
K1 我们已经成为当地社会生活中不可或缺的一部分			0.767
K2 在当地人看来，我们的存在是理所当然的，是完全可以理解的			0.839
K3 当地人都接受我们			0.726
方差解释比例（%）	23.810	28.184	24.093
总方差解释比例（%）		76.088	

从表5-11可知，三个因子解释了总方差的76.088%，观测变量对因子的载荷符合要求。因此，组织合法性分量表的结构效度较好，组织合法性分量表的设计可以通过。

第五节　验证性因子分析

验证性因子分析（CFA）是结构方程模型用来检验测量模型的一种统计技术。在社会科学研究中，经常会遇到无法直接测量的潜变量，此时，就需要利用观察变量来间接测量。但是，观察变量是潜变量的不完美指标，因此，观察变量存在测量误差。验证性因子分析就是测试一个潜变量与对应的两个或两个以上的观察变量之间的关系是否符合研究者所设计的理论关系的统计技术。验证性因子分析主要是用来验证观察变量与潜在变量之间的关系，证明模型理论基础的合理性，检验结构效度并做出相应的修正。由于关系能力和组织合法性的测量量表是本书在回顾相关文献以及理论发展的基础上确定的，虽然前文在问卷效度分析部分进行的探索性因子分析和信度分析都证实了关系能力和组织合法性的合理性，仍有必要在探索性因子分析基础上，通过验证性因子直接验证观察变量与潜在变量之间的关系，验证模型理论基础的合理性。

一　关系能力的验证性因子分析

运用 Amos 7.0 对关系能力进行一阶验证性因子分析，模型的主要拟合度指标如表 5 – 12 所示。

表 5 – 12　　　　　　　　　关系能力验证性因子分析的拟合度检验

	χ^2	df	χ^2/df	P	RMSEA	GFI	PNFI	PGFI	NFI	CFI
模型 M1	78.392	43	1.823	0.001	0.082	0.901	0.666	0.587	0.852	0.925
模型 M2	49.576	39	1.271	0.119	0.047	0.935	0.643	0.552	0.906	0.978

对原始模型 M1 的分析发现，P 小于 0.05，显示模型与样本数据存在明显差异，RMSEA 大于 0.05，存在进一步修正的空间。参考 Amos 的修改建议，模型 M2 在观察变量 E1 与 E2、E3 与 E4、E3 与 E5、F2 与 F4 之间建立误差关联。修正模型 M2 的 $\chi^2/df = 1.271$，P = 0.119，未达到显著性水平，说明本书研究假设模型的共变量矩阵与实证资料的共变量矩阵之间无差异存在。绝对适配测量的 GFI 值为 0.935，大于 0.90 的可接受值，说明假设模型可以接受。RMSEA = 0.047，也说明假设模型良好。在各项增值适配测量指标中，NFI = 0.906，CFI = 0.978，都大于 0.90 的可接受值，也显示假设模型达到理想水平。在各项简效适配指标中，PNFI = 0.643，PGFI = 0.552，都大于 0.5，因此，模型的简效拟合度指标可以接受。

综合以上各个指标的分析发现，所有的绝对适配测量、增值适配测量和简效适配测量都通过了所要求的接受值，显示关系能力的验证性因子分析模型可以接受，也显示组织合法性的验证性因子分析模型是一个比较符合实证资料的模型。模型各观察变量对应于潜变量关系能力的标准化因子负荷如图 5 – 1 所示。

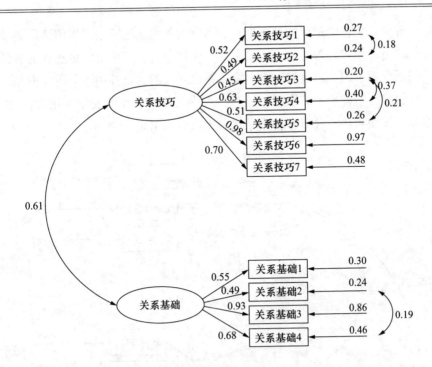

图 5 - 1 关系能力的验证性因子分析

二 组织合法性的验证性因子分析

运用 Amos 7.0 进行一阶验证性因子分析，原始模型的主要拟合度指标如表 5 - 13 所示。

表 5 - 13 组织合法性验证性因子分析的拟合度检验

	χ^2	df	χ^2/df	P	RMSEA	GFI	PNFI	PGFI	NFI	CFI
模型 M	30.005	24	1.250	0.185	0.045	0.943	0.633	0.503	0.95	0.99

原始模型 M 的 $\chi^2/df = 1.250$，$P = 0.185$，未达到显著性水平，表示本书研究假设模型的共变量矩阵与实证资料的共变量矩阵之间无差异存在。绝对适配测量的 GFI 值为 0.943，大于 0.90 的可接受值，说明假设模型可以接受。RMSEA = 0.045，也说明假设模型良好。在各项增值适配测量指标中，NFI = 0.95，CFI = 0.99，都大于 0.90 的可接受值，进一步说明假设模型达到理想水平。在各项简效适配指标中，PNFI = 0.633，PGFI = 0.503，都大于 0.5，因此，模型的简效拟合度指标可以接受。

综合以上各个指标的分析发现，所有的绝对适配测量，增值适配测量和简效适配测量，都通过了所要求的接受值条件，显示组织合法性的验证性因子分析模型可以接受，也显示组织合法性的验证性因子分析模型是一个比较符合实证资料的模型。模型各观察变量对应于潜变量实用合法性、道德合法性和认知合法性的标准化因子负荷如图 5 -2 所示。

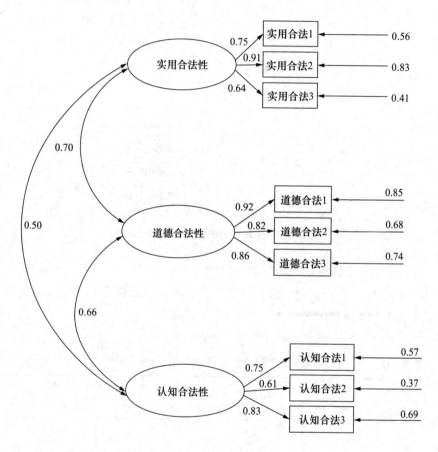

图 5 - 2　组织合法性的验证性因子分析

本章小结

本章主要阐述数据收集和数据处理方面的问题。在描述性统计分析部分，对样本企业的行业和规模进行了描述性统计。结果表明，首先，本书采用的研究样本具有较好的代表性。其次，本章分析了变量之间的相关系数和多重共线性。相关系数矩阵的结果表明，本书使用的模型、变量设计较为合理。最后，为检验正式问卷的有效性，在数据收集完成之后，本章检验了问卷的信度、效度。检验结果表明，本书使用的最终问卷具有良好的信度、效度。此外，本章还对关系能力、组织合法性进行了验证性因子分析，验证了各潜变量维度的有效性。

第六章 假设检验

前文建立了中国企业海外经营的社会网络与组织合法性生成的关系模型，以及组织合法性与海外经营绩效的关系模型，提出了相关假设，并对变量进行了度量，本章运用线性回归分析、分组回归分析的方法来检验相关假设。

第一节 社会网络对组织合法性的影响检验

一 关系强度对组织合法性的影响检验

本书假设中国企业海外经营社会网络的关系强度越大，实用合法性越高。回归模型的拟合情况见表6-1，可以看出，模型是显著的，显著性水平为0.01，同时调整的R^2达到0.474。

表6-1   关系强度对实用合法性影响模型的拟合情况

样本数	R^2	调整的 R^2	F	p
122	0.513	0.474	13.132	0.000

回归分析的结果见表6-2。从表6-2可以看出，关系强度与实用合法性存在显著的正相关关系，回归系数为0.406（$p < 0.001$）。

表6-2   关系强度对实用合法性影响的回归分析结果

变量	B	标准差	t	p
截距	2.110	0.304	6.943	0.000
规模虚拟变量1	1.114	0.135	8.227	0.000
规模虚拟变量2	0.404	0.118	3.428	0.001

续表

变量	B	标准差	t	p
行业虚拟变量 1	0.438	0.143	3.053	0.003
行业虚拟变量 2	0.668	0.148	4.529	0.000
行业虚拟变量 3	0.325	0.138	2.354	0.020
行业虚拟变量 4	1.264	0.274	4.617	0.000
行业虚拟变量 5	−0.851	0.278	−3.059	0.003
行业虚拟变量 6	0.134	0.209	0.639	0.524
关系强度	0.406	0.072	5.621	0.000

本书假设中国企业海外经营社会网络的关系强度越大，道德合法性越高。回归模型的拟合情况见表 6-3，可以看出，模型是显著的，显著性水平为 0.01，同时调整的 R^2 达到 0.456。

表 6-3　　　　　关系强度对道德合法性影响模型的拟合情况

样本数	R^2	调整的 R^2	F	p
167	0.497	0.456	12.285	0.000

回归分析的结果见表 6-4。从表 6-4 可以看出，关系强度与道德合法性存在显著的正相关关系，回归系数为 0.536（$p < 0.001$）。

表 6-4　　　　　关系强度对道德合法性影响的回归分析结果

变量	B	标准差	T	p
截距	1.916	0.292	6.552	0.000
规模虚拟变量 1	0.702	0.130	5.385	0.000
规模虚拟变量 2	0.336	0.113	2.960	0.004
行业虚拟变量 1	0.183	0.138	1.331	0.186
行业虚拟变量 2	0.391	0.142	2.755	0.007
行业虚拟变量 3	0.105	0.133	0.794	0.429
行业虚拟变量 4	0.689	0.263	2.616	0.010
行业虚拟变量 5	−0.763	0.267	−2.852	0.005
行业虚拟变量 6	−0.293	0.201	−1.457	0.148
关系强度	0.536	0.070	7.710	0.000

本书假设中国企业海外经营社会网络的关系强度越大，认知合法性越高。回归模型的拟合情况见表 6 – 5，可以看出，模型是显著的，显著性水平为 0.01，调整的 R^2 达到 0.526。

表 6 – 5　　　　关系强度对认知合法性影响模型的拟合情况

样本数	R^2	调整的 R^2	F	p
122	0.561	0.526	14.586	0.000

回归分析的结果见表 6 – 6。从表 6 – 6 可以看出，关系强度与认知合法性存在显著的正相关关系，回归系数为 0.880（p < 0.001）。

表 6 – 6　　　　关系强度对认知合法性影响的回归分析结果

变量	B	标准差	t	p
截距	-0.053	0.372	-0.143	0.886
规模虚拟变量 1	0.625	0.166	3.769	0.000
规模虚拟变量 2	0.753	0.144	5.219	0.000
行业虚拟变量 1	0.141	0.176	0.800	0.425
行业虚拟变量 2	0.427	0.181	2.363	0.020
行业虚拟变量 3	0.232	0.169	1.374	0.172
行业虚拟变量 4	0.865	0.335	2.579	0.011
行业虚拟变量 5	0.240	0.341	0.704	0.483
行业虚拟变量 6	0.305	0.256	1.192	0.236
关系强度	0.880	0.089	9.938	0.000

二　网络规模对组织合法性的影响检验

本书假设中国企业海外经营社会网络的规模越大，实用合法性越高。回归模型的拟合情况见表 6 – 7，可以看出，模型是显著的，显著性水平为 0.01，调整的 R^2 达到 0.485。

表 6 – 7　　　　网络规模对实用合法性影响模型的拟合情况

样本数	R^2	调整的 R^2	F	p
122	0.524	0.485	13.683	0.000

回归分析的结果见表 6-8。从表 6-8 可以看出，网络规模与实用合法性存在显著的正相关关系，回归系数为 0.323（p<0.001）。

表 6-8　　　　网络规模对实用合法性影响的回归分析结果

变量	B	标准差	t	p
截距	2.638	0.209	12.603	0.000
规模虚拟变量 1	0.826	0.131	6.327	0.000
规模虚拟变量 2	0.315	0.117	2.684	0.008
行业虚拟变量 1	0.466	0.142	3.274	0.001
行业虚拟变量 2	0.595	0.147	4.049	0.000
行业虚拟变量 3	0.222	0.137	1.618	0.109
行业虚拟变量 4	0.746	0.285	2.615	0.010
行业虚拟变量 5	-0.595	0.273	-2.180	0.031
行业虚拟变量 6	0.140	0.207	0.677	0.500
网络规模	0.323	0.055	5.890	0.000

本书假设中国企业海外经营社会网络的规模越大，道德合法性越高。回归模型的拟合情况见表 6-9，可以看出，模型是显著的，显著性水平为 0.01，同时调整的 R^2 达到 0.295。

表 6-9　　　　网络规模对道德合法性影响模型的拟合情况

样本数	R^2	调整的 R^2	F	p
122	0.347	0.295	14.586	0.000

回归分析的结果见表 6-10。从表 6-10 可以看出，网络规模与道德合法性存在显著的正相关关系，回归系数为 0.273（p<0.001）。

表 6-10　　　　网络规模对道德合法性影响的回归分析结果

变量	B	标准差	t	p
截距	3.128	0.232	13.491	0.000
规模虚拟变量 1	0.365	0.145	2.528	0.013
规模虚拟变量 2	0.257	0.130	1.976	0.051
行业虚拟变量 1	0.152	0.158	0.960	0.339

续表

变量	B	标准差	t	p
行业虚拟变量 2	0.344	0.163	2.114	0.037
行业虚拟变量 3	0.006	0.152	0.037	0.970
行业虚拟变量 4	0.259	0.316	0.820	0.414
行业虚拟变量 5	-0.447	0.302	-1.481	0.141
行业虚拟变量 6	-0.378	0.229	-1.649	0.102
网络规模	0.273	0.061	4.488	0.000

本书假设中国企业海外经营社会网络的规模越大，认知合法性越高。回归模型的拟合情况见表 6 – 11，可以看出，模型是显著的，显著性水平为 0.01，同时调整后的 R^2 达到 0.395。

表 6 – 11　　　　网络规模对认知合法性影响模型的拟合情况

样本数	R^2	调整的 R^2	F	p
167	0.506	0.395	14.586	0.000

回归分析的结果见表 6 – 12。从表 6 – 12 可以看出，网络规模与认知合法性存在显著的正相关关系，回归系数为 0.323（$p < 0.001$）。

表 6 – 12　　　　网络规模对认知合法性影响的回归分析结果

变量	B	标准差	t	p
截距	2.638	0.209	12.603	0.000
规模虚拟变量 1	0.826	0.131	6.327	0.000
规模虚拟变量 2	0.315	0.117	2.684	0.008
行业虚拟变量 1	0.466	0.142	3.274	0.001
行业虚拟变量 2	0.595	0.147	4.049	0.000
行业虚拟变量 3	0.222	0.137	1.618	0.109
行业虚拟变量 4	0.746	0.285	2.615	0.010
行业虚拟变量 5	-0.595	0.273	-2.180	0.031
行业虚拟变量 6	0.140	0.207	0.677	0.500
网络规模	0.323	0.055	5.890	0.000

三　社会地位对组织合法性的影响检验

本书假设中国企业海外经营社会网络成员的社会地位越高，实用合法性越高。回归模型的拟合情况见表6-13，可以看出，模型是显著的，显著性水平为0.01，同时调整的 R^2 达到0.328。

表6-13　　　　社会地位对实用合法性影响模型的拟合情况

样本数	R^2	调整的 R^2	F	p
122	0.378	0.328	7.548	0.000

回归分析的结果见表6-14。从表6-14可以看出，网络成员的社会地位与实用合法性不存在显著的相关关系。

表6-14　　　　社会地位对实用合法性影响的回归分析结果

变量	B	标准差	t	p
截距	3.902	0.377	10.350	0.000
规模虚拟变量1	0.915	0.148	6.168	0.000
规模虚拟变量2	0.402	0.134	3.007	0.003
行业虚拟变量1	0.327	0.161	2.030	0.045
行业虚拟变量2	0.690	0.168	4.112	0.000
行业虚拟变量3	0.316	0.160	1.975	0.051
行业虚拟变量4	1.292	0.311	4.155	0.000
行业虚拟变量5	-0.643	0.312	-2.064	0.041
行业虚拟变量6	-0.046	0.234	-0.199	0.843
社会地位	-0.051	0.102	-0.499	0.619

本书假设中国企业海外经营社会网络成员的社会地位越高，道德合法性越高。回归模型的拟合情况见表6-15，可以看出，模型是显著的，显著性水平为0.01，同时调整的 R^2 达到0.197。

表6-15　　　　社会地位对道德合法性影响模型的拟合情况

样本数	R^2	调整的 R^2	F	p
122	0.257	0.197	4.293	0.000

回归分析结果见表 6 – 16。从表 6 – 16 可以看出，网络成员的社会地位与道德合法性存在显著的正相关关系，回归系数为 0. 212（p < 0. 05）。

表 6 – 16　　　　社会地位对道德合法性影响的回归分析结果

变量	B	标准差	t	p
截距	3. 296	0. 390	8. 457	0. 000
规模虚拟变量 1	0. 462	0. 153	3. 016	0. 003
规模虚拟变量 2	0. 300	0. 138	2. 168	0. 032
行业虚拟变量 1	– 0. 005	0. 167	– 0. 029	0. 977
行业虚拟变量 2	0. 470	0. 173	2. 708	0. 008
行业虚拟变量 3	– 0. 005	0. 165	– 0. 028	0. 978
行业虚拟变量 4	0. 648	0. 321	2. 016	0. 046
行业虚拟变量 5	– 0. 480	0. 322	– 1. 488	0. 140
行业虚拟变量 6	– 0. 581	0. 242	– 2. 400	0. 018
社会地位	0. 212	0. 106	2. 009	0. 047

本书假设中国企业海外经营社会网络成员的社会地位越高，认知合法性越高。回归模型的拟合情况见表 6 – 17，可以看出，模型是显著的，显著性水平为 0. 05，同时调整的 R^2 为 0. 121。

表 6 – 17　　　　社会地位对认知合法性影响模型的拟合情况

样本数	R^2	调整的 R^2	F	p
122	0. 187	0. 121	2. 854	0. 005

回归分析的结果见表 6 – 18。从表 6 – 18 可以看出，网络成员的社会地位与认知合法性存在显著的正相关关系，回归系数为 0. 193（p < 0. 05）。

表 6 – 18　　　　社会地位对认知合法性影响的回归分析结果

变量	B	标准差	t	p
截距	2. 758	0. 556	4. 959	0. 000
规模虚拟变量 1	0. 220	0. 219	1. 003	0. 318
规模虚拟变量 2	0. 714	0. 197	3. 615	0. 000

续表

变量	B	标准差	t	p
行业虚拟变量 1	-0.145	0.238	-0.611	0.543
行业虚拟变量 2	0.528	0.247	2.136	0.035
行业虚拟变量 3	0.106	0.236	0.450	0.654
行业虚拟变量 4	0.842	0.459	1.835	0.069
行业虚拟变量 5	0.699	0.460	1.521	0.131
行业虚拟变量 6	-0.139	0.345	-0.403	0.688
社会地位	0.193	0.151	1.283	0.202

四　信任对组织合法性的影响检验

本书假设中国企业海外经营社会网络成员间的信任程度越高，实用合法性越高。回归模型的拟合情况见表 6 - 19，可以看出，模型是显著的，显著性水平为 0.01，同时调整后的 R^2 达到 0.396。

表 6 - 19　　　　　信任对实用合法性影响模型的拟合情况

样本数	R^2	调整的 R^2	F	p
122	0.441	0.396	9.832	0.000

回归分析的结果见表 6 - 20。从表 6 - 20 可以看出，信任与实用合法性存在显著的正相关关系，回归系数为 0.362（$p < 0.001$）。

表 6 - 20　　　　　信任对实用合法性影响的回归分析结果

变量	B	标准差	t	p
截距	2.400	0.381	6.294	0.000
规模虚拟变量 1	0.938	0.140	6.683	0.000
规模虚拟变量 2	0.389	0.126	3.084	0.003
行业虚拟变量 1	0.178	0.157	1.136	0.258
行业虚拟变量 2	0.774	0.159	4.857	0.000
行业虚拟变量 3	0.278	0.148	1.884	0.062
行业虚拟变量 4	1.152	0.295	3.901	0.000
行业虚拟变量 5	-0.605	0.295	-2.048	0.043
行业虚拟变量 6	-0.136	0.222	-0.612	0.541
信任	0.362	0.100	3.615	0.000

本书假设中国企业海外经营社会网络成员间的信任程度越高，道德合法性越高。回归模型的拟合情况见表6-21，可以看出，模型是显著的，显著性水平为0.01，同时调整的R^2达到0.349。

表6-21　　　　　信任对道德合法性影响模型的拟合情况

样本数	R^2	调整的R^2	F	p
122	0.398	0.349	14.586	0.000

回归分析的结果见表6-22。从表6-22可以看出，信任与道德合法性存在显著的正相关关系，回归系数为0.549（p<0.001）。

表6-22　　　　　信任对道德合法性影响的回归分析结果

变量	B	标准差	t	p
截距	2.035	0.375	5.434	0.000
规模虚拟变量1	0.473	0.138	3.430	0.001
规模虚拟变量2	0.315	0.124	2.539	0.012
行业虚拟变量1	-0.187	0.154	-1.213	0.228
行业虚拟变量2	0.545	0.156	3.485	0.001
行业虚拟变量3	0.041	0.145	0.279	0.781
行业虚拟变量4	0.517	0.290	1.781	0.078
行业虚拟变量5	-0.432	0.290	-1.488	0.140
行业虚拟变量6	-0.665	0.218	-3.046	0.003
信任	0.549	0.098	5.587	0.000

本书假设中国企业海外经营社会网络成员间的信任程度越高，认知合法性越高。回归模型的拟合情况见表6-23，可以看出，模型是显著的，显著性水平为0.01，同时调整的R^2达到0.162。

表6-23　　　　　信任对认知合法性影响模型的拟合情况

样本数	R^2	调整的R^2	F	p
122	0.224	0.162	3.595	0.000

回归分析的结果见表6－24。从表6－24可以看出，信任与认知合法性存在显著的正相关关系，回归系数为0.407（p＜0.01）。

表6－24　　　　信任对认知合法性影响的回归分析结果

变量	B	标准差	t	p
截距	1.951	0.580	3.363	0.001
规模虚拟变量1	0.224	0.213	1.051	0.296
规模虚拟变量2	0.729	0.192	3.797	0.000
行业虚拟变量1	－0.275	0.238	－1.151	0.252
行业虚拟变量2	0.578	0.242	2.386	0.019
行业虚拟变量3	0.152	0.225	0.678	0.499
行业虚拟变量4	0.754	0.449	1.679	0.096
行业虚拟变量5	0.733	0.449	1.632	0.105
行业虚拟变量6	－0.195	0.338	－0.577	0.565
信任	0.407	0.152	2.674	0.009

第二节　海外经营认知对组织合法性的影响检验

一　海外经营认知对组织合法性的直接影响检验

本书假设中国企业的海外经营认知越强，实用合法性越高。回归模型的拟合情况见表6－25，可以看出，模型是显著的，显著性水平为0.01，同时调整后的R^2达到0.423。

表6－25　　海外经营认知对实用合法性直接影响模型的拟合情况

样本数	R^2	调整的R^2	F	p
122	0.466	0.423	10.845	0.000

回归分析的结果见表6－26。从表6－26可以看出，海外经营认知与实用合法性存在显著的正相关关系，回归系数为0.305（p＜0.001）。

表6-26　　海外经营认知对实用合法性直接影响的回归分析结果

变量	B	标准差	t	p
截距	2.678	0.263	10.172	0.000
规模虚拟变量1	0.736	0.144	5.129	0.000
规模虚拟变量2	0.200	0.132	1.520	0.131
行业虚拟变量1	0.434	0.151	2.876	0.005
行业虚拟变量2	0.530	0.159	3.328	0.001
行业虚拟变量3	0.349	0.145	2.408	0.018
行业虚拟变量4	0.833	0.305	2.734	0.007
行业虚拟变量5	-0.674	0.289	-2.334	0.021
行业虚拟变量6	-0.100	0.216	-0.460	0.646
海外经营认知	0.305	0.071	4.331	0.000

　　本书假设中国企业的海外经营认知越强，道德合法性越高。回归模型的拟合情况见表6-27，可以看出，模型是显著的，显著性水平为0.01，同时调整的 R^2 达到0.394。

表6-27　　海外经营认知对道德合法性直接影响模型的拟合情况

样本数	R^2	调整的 R^2	F	p
122	0.439	0.394	9.736	0.000

　　回归分析的结果见表6-28。从表6-28可以看出，海外经营认知与道德合法性存在显著的正相关关系，回归系数为0.442（$p < 0.001$）。

表6-28　　海外经营认知对道德合法性直接影响的回归分析结果

变量	B	标准差	t	p
截距	2.532	0.255	9.922	0.000
规模虚拟变量1	0.180	0.139	1.291	0.199
规模虚拟变量2	0.041	0.127	0.325	0.746
行业虚拟变量1	0.193	0.146	1.321	0.189
行业虚拟变量2	0.188	0.154	1.215	0.227
行业虚拟变量3	0.144	0.140	1.025	0.308
行业虚拟变量4	0.064	0.295	0.217	0.829

续表

变量	B	标准差	t	p
行业虚拟变量5	-0.534	0.280	-1.908	0.059
行业虚拟变量6	-0.606	0.210	-2.890	0.005
海外经营认知	0.442	0.068	6.463	0.000

本书假设中国企业的海外经营认知越强，认知合法性越高。回归模型的拟合情况见表6-29，可以看出，模型是显著的，显著性水平为0.01，同时调整的 R^2 达到0.598。

表6-29　海外经营认知对认知合法性直接影响模型的拟合情况

样本数	R^2	调整的 R^2	F	p
122	0.628	0.598	20.977	0.000

回归分析的结果见表6-30。从表6-30可以看出，海外经营认知与认知合法性存在显著的正相关关系，回归系数为0.887（$p < 0.001$）。

表6-30　海外经营认知对认知合法性直接影响的回归分析结果

变量	B	标准差	t	p
截距	0.406	0.284	1.431	0.155
规模虚拟变量1	-0.328	0.155	-2.123	0.036
规模虚拟变量2	0.167	0.142	1.177	0.242
行业虚拟变量1	0.217	0.163	1.337	0.184
行业虚拟变量2	0.004	0.172	0.025	0.980
行业虚拟变量3	0.322	0.156	2.065	0.041
行业虚拟变量4	-0.396	0.328	-1.207	0.230
行业虚拟变量5	0.597	0.311	1.920	0.057
行业虚拟变量6	-0.232	0.233	-0.995	0.322
海外经营认知	0.887	0.076	11.674	0.000

二　海外经营认知对组织合法性的中介影响检验

根据巴伦和肯尼（Baron and Kenny, 1986）所提出的中介作用检验程序，一个变量成为中介变量必须满足三个条件：①自变量和中介变量分别与因变量的关系显著。②自变量与中介变量的关系显著。③在中介变量进入方程以后，如果自变量与因变量之间关系的显著程度降低，说明中介变量在自变量与因变量之间存在部分中介作用；如果自变量与因变量之间的关系变得不再显著，说明中介变量在自变量与因变量之间存在完全中介作用。

统计分析表明，中国企业与海外经营社会网络成员的关系强度、海外经营社会网络的规模、网络成员之间信任对于实用合法性、道德合法性、认知合法性都具有显著的正向影响，中国企业海外经营社会网络成员中的社会地位与道德合法性存在显著的正相关关系，与实用合法性、认知合法性不存在显著的相关关系。中国企业的关系能力、海外经营认知对于实用合法性、道德合法性、认知合法性都具有显著的正向影响。

下面进一步检验关系强度、网络规模、社会地位、信任对于关系能力是否存在显著影响。本书分别通过关系强度、网络规模、社会地位、信任与关系能力进行回归分析来检验。回归分析的结果如表 6 – 31 所示。回归结果表明，关系强度对于海外经营认知有显著的正向影响，回归系数为 0.532（p < 0.001）；网络规模对于海外经营认知有显著的正向影响，回归系数为 0.465（p < 0.001）；社会地位对于海外经营认知没有显著的影响；信任对于海外经营认知有显著的正向影响，回归系数为 0.473（p < 0.001）。

表 6 – 31　　　　　社会网络对海外经营认知的回归分析结果

	解释变量							
	模型 I (关系强度)		模型 II (网络规模)		模型 III (社会地位)		模型 IV (信任)	
	B	T	B	T	B	T	B	T
控制变量								
行业	控制		控制		控制		控制	
规模	控制		控制		控制		控制	
被解释变量								
海外经营认知	0.532***	6.035	0.465***	7.248	0.023	0.181	0.473***	3.836
R^2	0.479		0.530		0.310		0.624	
调整的 R^2	0.437		0.492		0.254		0.390	
F	11.432		14.024		5.578		7.940	

注：*** 代表 p < 0.01，** 代表 p < 0.05，* 代表 p < 0.1。

（一）海外经营认知在社会网络与实用合法性之间的中介影响检验

本书将进一步分析海外经营认知在网络与实用合法性之间的中介作用。将海外经营认知分别进入关系强度、网络规模、信任与实用合法性的回归方程。海外经营认知在社会网络与实用合法性之间中介作用的回归分析结果表明（见表6-32）：在加入海外经营认知后，关系强度与实用合法性的正相关关系减弱，表明海外经营认知在关系强度与实用合法性之间存在部分中介效应；在加入海外经营认知后，网络规模与实用合法性的正相关关系减弱，表明海外经营认知在网络规模与实用合法性之间存在部分中介效应；在加入海外经营认知后，信任与实用合法性之间的正相关关系减弱，表明海外经营认知在信任与实用合法性之间存在部分中介效应。

表6-32 海外经营认知在社会网络与实用合法性之间中介影响的回归分析结果

	被解释变量					
	模型Ⅰ (实用合法)		模型Ⅱ (实用合法)		模型Ⅲ (实用合法)	
	B	T	B	T	B	T
控制变量						
行业	控制		控制		控制	
规模	控制		控制		控制	
解释变量						
海外经营认知	0.156**	2.048	0.123	1.535	0.245***	3.336
关系强度	0.323***	3.938				
网络规模			0.266***	4.021		
信任					0.246**	2.412
R^2	0.531		0.534		0.492	
调整的 R^2	0.489		0.492		0.447	
F	12.575		12.700		10.762	

注：*** 代表 $p<0.01$，** 代表 $p<0.05$，* 代表 $p<0.1$。

海外经营认知在社会网络与实用合法性之间的中介影响如图6-1所示。

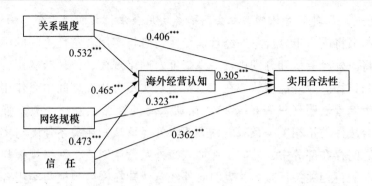

图 6 - 1　海外经营认知在社会网络与实用合法性之间的中介作用模型

注：*** 代表 p < 0.01，** 代表 p < 0.05，* 代表 p < 0.1。

（二）海外经营认知在社会网络与道德合法性之间的中介影响检验

下面本书进一步分析海外经营认知在网络与道德合法性之间的中介作用。将海外经营认知分别进入关系强度、网络规模、信任与道德合法性的回归方程。海外经营认知在社会网络与道德合法性之间中介作用的回归分析结果表明（见表 6 - 33），在加入海外经营认知后，关系强度与道德合法性之间的正相关关系减弱，表明海外经营认知在关系强度与道德合法性之间存在部分中介效应；在加入海外经营认知后，网络规模与道德合法性之间的正相关关系消失，表明海外经营认知在网络规模与道德合法性之间存在完全中介效应；在加入海外经营认知后，信任与道德合法性之间的正相关关系减弱，表明海外经营认知在信任与道德合法性之间存在部分中介效应。

表 6 - 33　海外经营认知在社会网络与道德合法性之间中介作用的回归分析结果

	被解释变量					
	模型 I（道德合法）		模型 II（道德合法）		模型 III（道德合法）	
	B	T	B	T	B	T
行业	控制		控制		控制	
规模	控制		控制		控制	
被解释变量						
海外经营认知	0.258 ***	3.644	0.374 ***	4.540	0.347 ***	5.097

续表

	被解释变量					
	模型 I（道德合法）		模型 II（道德合法）		模型 III（道德合法）	
	B	T	B	T	B	T
关系强度	0.399***	5.250				
网络规模			0.098	1.448		
信任					0.385***	4.072
R²	0.497		0.449		0.512	
调整的 R²	0.456		0.400		0.468	
F	12.285		9.058		11.640	

注: *** 代表 p < 0.01, ** 代表 p < 0.05, * 代表 p < 0.1。

海外经营认知在社会网络与道德合法性之间的中介作用如图 6 - 2 所示。

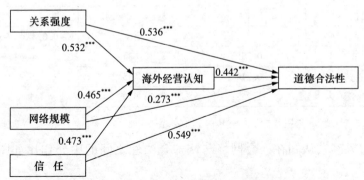

图 6 - 2　海外经营认知在社会网络与道德合法性之间的中介作用模型

注: *** 代表 p < 0.01, ** 代表 p < 0.05, * 代表 p < 0.1。

（三）海外经营认知在社会网络与认知合法性之间的中介影响检验

本部分进一步分析海外经营认知在网络与认知合法性之间的中介作用。将海外经营认知分别进入关系强度、网络规模、信任与认知合法性的回归方程。海外经营认知在社会网络与认知合法性之间中介作用的回归分析结果表明（见表 6 - 34），在加入海外经营认知后，关系强度与认知合法性之间的正相关关系减弱，表明海外经营认知在关系强度与认知合法性之间存在部分中介效应；在加入海外经营认知后，网络规模与认知合法性之间的正相关关系消失，表明海外经营认知在网络规模与认知合法性之间存在完全中介效应；在加入海外经营认知后，信任与认知合法性之间的正相关关系消失，表明海外经营认知在信任与认知合法性之间存在完全中介效应。

表6-34 海外经营认知在社会网络与认知合法性之间中介作用的回归分析结果

	被解释变量					
	模型Ⅰ （认知合法）		模型Ⅱ （认知合法）		模型Ⅲ （认知合法）	
	B	T	B	T	B	T
控制变量						
行业	控制		控制		控制	
规模	控制		控制		控制	
被解释变量						
海外经营认知	0.637***	8.648	0.674***	7.899	0.890***	10.969
关系强度	0.541***	6.834				
网络规模			0.311	4.427		
信任					-0.014	-0.125
R^2	0.738		0.684		0.512	
调整的 R^2	0.714		0.655		0.468	
F	31.255		23.975		11.640	

注：*** 代表 $p < 0.01$，** 代表 $p < 0.05$，* 代表 $p < 0.1$。

海外经营认知在社会网络与认知合法性之间的中介作用如图6-3所示。

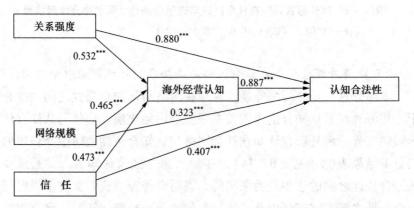

图6-3 海外经营认知在社会网络与认知合法性之间的中介作用模型

注：*** 代表 $p < 0.01$，** 代表 $p < 0.05$，* 代表 $p < 0.1$。

第三节　关系能力对组织合法性的影响检验

一　关系能力对组织合法性的直接影响检验

本书假设中国企业的关系能力越强，实用合法性越高。回归模型的拟合情况见表6-35，可以看出，模型是显著的，显著性水平为0.01，同时调整的 R^2 达到0.486。

表6-35　　　关系能力对实用合法性直接作用模型的拟合情况

样本数	R^2	调整的 R^2	F	p
122	0.524	0.486	13.706	0.000

回归分析的结果见表6-36。从表6-36可以看出，关系能力与实用合法性存在显著的正相关关系，回归系数为0.461（$p<0.001$）。

表6-36　　　关系能力对实用合法性直接作用的回归分析结果

变量	B	标准差	t	p
截距	2.081	0.295	7.044	0.000
规模虚拟变量1	0.873	0.130	6.729	0.000
规模虚拟变量2	0.267	0.119	2.254	0.026
行业虚拟变量1	0.301	0.140	2.147	0.034
行业虚拟变量2	0.534	0.148	3.594	0.000
行业虚拟变量3	0.267	0.136	1.961	0.052
行业虚拟变量4	0.896	0.278	3.218	0.002
行业虚拟变量5	-0.275	0.280	-0.984	0.327
行业虚拟变量6	-0.118	0.204	-0.578	0.565
关系能力	0.461	0.078	5.901	0.000

本书假设中国企业的关系能力越强，道德合法性越高。回归模型的拟合情况见表6-37，可以看出，模型是显著的，显著性水平为0.01，同时调整的 R^2 达到0.428。

表 6 – 37　　　关系能力对道德合法性直接作用模型的拟合情况

样本数	R^2	调整的 R^2	F	p
122	0.470	0.428	11.041	0.000

回归分析的结果见表 6 – 38。从表 6 – 38 可以看出，关系能力与道德合法性存在显著的正相关关系，回归系数为 0.556（p < 0.001）。

表 6 – 38　　　关系能力对道德合法性直接作用的回归分析结果

变量	B	标准差	t	p
截距	2.064	0.295	6.997	0.000
规模虚拟变量 1	0.388	0.129	2.999	0.003
规模虚拟变量 2	0.170	0.118	1.434	0.154
行业虚拟变量 1	0.005	0.140	0.039	0.969
行业虚拟变量 2	0.232	0.148	1.568	0.120
行业虚拟变量 3	0.033	0.136	0.245	0.807
行业虚拟变量 4	0.247	0.278	0.888	0.377
行业虚拟变量 5	− 0.045	0.279	− 0.161	0.873
行业虚拟变量 6	− 0.618	0.204	− 3.030	0.003
关系能力	0.556	0.078	7.129	0.000

本书假设中国企业的关系能力越强，认知合法性越高。回归模型的拟合情况见表 6 – 39，可以看出，模型是显著的，显著性水平为 0.01，同时调整的 R^2 达到 0.555。

表 6 – 39　　　关系能力对认知合法性直接作用模型的拟合情况

样本数	R^2	调整的 R^2	F	p
122	0.588	0.555	17.735	0.000

回归分析的结果见表 6 – 40。从表 6 – 40 可以看出，关系能力与认知合法性存在显著的正相关关系，回归系数为 0.995（p < 0.001）。

表 6 - 40　　　　关系能力对认知合法性直接作用的回归分析结果

变量	B	标准差	t	p
截距	- 0. 101	0. 355	- 0. 283	0. 778
规模虚拟变量 1	0. 103	0. 156	0. 661	0. 510
规模虚拟变量 2	0. 459	0. 142	3. 220	0. 002
行业虚拟变量 1	- 0. 155	0. 168	- 0. 920	0. 360
行业虚拟变量 2	0. 137	0. 178	0. 771	0. 442
行业虚拟变量 3	0. 109	0. 164	0. 663	0. 509
行业虚拟变量 4	0. 072	0. 334	0. 214	0. 831
行业虚拟变量 5	1. 483	0. 336	4. 417	0. 000
行业虚拟变量 6	- 0. 239	0. 245	- 0. 974	0. 332
关系能力	0. 995	0. 094	10. 592	0. 000

二　关系能力对组织合法性的中介影响检验

统计分析表明，中国企业与海外经营社会网络成员的关系强度、海外经营社会网络的规模、网络成员之间信任对于实用合法性、道德合法性、认知合法性都具有显著的正向影响，中国企业海外经营社会网络成员的社会地位与道德合法性存在显著正相关关系，与实用合法性和认知合法性不存在显著的相关关系。中国企业的关系能力、海外经营认知对于实用合法性、道德合法性、认知合法性都具有显著的正向影响。

下面进一步检验关系强度、网络规模、社会地位、信任对于关系能力是否存在显著影响。本书分别通过关系强度、网络规模、社会地位、信任与关系能力进行回归来分析检验。回归分析的结果如表 6 - 41 所示。回归结果表明，关系强度对于关系能力有显著的正向影响，回归系数为 0. 684（p < 0. 001）；网络规模对于关系能力有显著的正向影响，回归系数为 0. 526（p < 0. 001）；社会地位对于关系能力有显著的正向影响，回归系数为 0. 350（p < 0. 01）；信任对于关系能力有显著的正向影响，回归系数为 0. 471（p < 0. 001）。

表6-41 关系能力对社会网络的回归分析结果

	解释变量							
	模型Ⅰ （关系强度）		模型Ⅱ （网络规模）		模型Ⅲ （社会地位）		模型Ⅳ （信任）	
	B	T	B	T	B	T	B	T
控制变量								
行业	控制		控制		控制		控制	
规模	控制		控制		控制		控制	
被解释变量								
关系能力	0.684***	11.919	0.526***	12.006	0.350***	3.408	0.471***	4.598
R^2	0.627		0.631		0.234		0.289	
调整的 R^2	0.598		0.601		0.173		0.232	
F	20.963		21.237		3.810		5.063	

注：*** 代表 $p < 0.01$，** 代表 $p < 0.05$，* 代表 $p < 0.1$。

（一）关系能力在社会网络与实用合法性之间的中介影响检验

本书进一步分析关系能力在网络与实用合法性之间的中介作用。将关系能力分别进入关系强度、网络规模、信任与实用合法性的回归方程。关系能力在社会网络与实用合法性之间中介作用的回归分析结果表明（见表6-42），在加入关系能力后，关系强度与实用合法性之间的正相关关系减弱，表明关系能力在关系强度与实用合法性之间存在部分中介效应；在加入关系能力后，网络规模与实用合法性之间的正相关关系减弱，表明关系能力在网络规模与实用合法性之间存在部分中介效应；在加入关系能力后，信任与实用合法性之间的正相关关系减弱，表明关系能力在信任与实用合法性之间存在部分中介效应。

表6-42 关系能力在社会网络与实用合法性之间中介作用模型的回归分析结果

	被解释变量					
	模型Ⅰ （实用合法）		模型Ⅱ （实用合法）		模型Ⅲ （实用合法）	
	B	T	B	T	B	T
被解释变量						

续表

	模型Ⅰ (实用合法)		模型Ⅱ (实用合法)		模型Ⅲ (实用合法)	
	被解释变量					
	B	T	B	T	B	T
行业	控制		控制		控制	
规模	控制		控制		控制	
关系能力	0.206*	1.939	0.265**	2.279	0.403***	4.773
关系强度	0.293**	2.516				
网络规模			0.184**	2.257		
信任					0.172*	1.722
R^2	0.540		0.545		0.536	
调整的 R^2	0.498		0.504		0.495	
F	13.015		13.296		12.848	

注: *** 代表 $p < 0.01$, ** 代表 $p < 0.05$, * 代表 $p < 0.1$。

关系能力在社会网络与实用合法性之间的中介作用如图 6 - 4 所示。

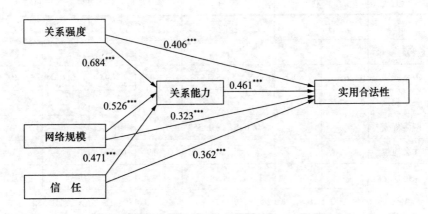

图 6 - 4 关系能力在社会网络与实用合法性之间的中介作用模型

注: *** 代表 $p < 0.01$, ** 代表 $p < 0.05$, * 代表 $p < 0.1$。

（二）关系能力在社会网络与道德合法性之间的中介影响检验

下文进一步分析关系能力在网络与道德合法性之间的中介作用。将关系能力分别进入关系强度、网络规模、信任与道德合法性的回归方程。关系能力在社会网络与道德合法性之间中介作用的回归分析结果表明（见表6-43），在加入关系能力后，关系强度与道德合法性之间的正相关关系减弱，表明关系能力在关系强度与道德合法性之间存在部分中介效应；在加入关系能力后，网络规模与道德合法性之间的正相关关系消失，表明关系能力在网络规模与道德合法性之间存在完全中介效应；在加入关系能力后，社会地位与道德合法性之间的正相关关系消失，表明社会地位在关系强度与道德合法性之间存在完全中介效应；在加入关系能力后，信任与实用合法性之间的正相关关系减弱，表明关系能力在信任与道德合法性之间存在部分中介效应。

表6-43　　关系能力在社会网络与道德合法性之间中介作用模型的回归分析结果

	被解释变量							
	模型 I（道德合法）		模型 II（道德合法）		模型 III（道德合法）		模型 IV（道德合法）	
	B	T	B	T	B	T	B	T
控制变量								
行业	控制		控制		控制		控制	
规模	控制		控制		控制		控制	
被解释变量								
关系能力	0.267**	2.382	0.605***	5.1113	0.551***	6.694	0.441***	5.449
关系强度	0.353**	3.443						
网络规模			-0.046	-0.552				
社会地位					0.019	0.204		
信任							0.342**	3.572
R²	0.521		0.472		0.470		0.525	
调整的 R²	0.478		0.424		0.423		0.482	
F	12.086		9.906		9.856		12.257	

注：*** 代表 $p<0.01$，** 代表 $p<0.05$，* 代表 $p<0.1$。

关系能力在社会网络与道德合法性之间的中介作用如图6-5所示。

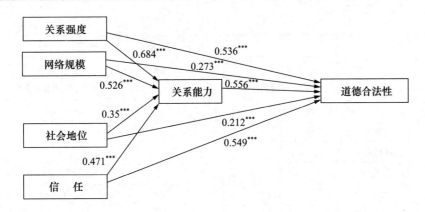

图 6 – 5 关系能力在社会网络与道德合法性之间的中介作用模型

注：*** 代表 p < 0.01，** 代表 p < 0.05，* 代表 p < 0.1。

（三）关系能力在社会网络与认知合法性之间的中介影响检验

本书进一步分析关系能力在网络与认知合法性之间的中介作用。将关系能力分别进入关系强度、网络规模、信任与认知合法性的回归方程。关系能力在社会网络与认知合法性之间中介作用的回归分析结果表明（见表 6 – 44），在加入关系能力后，关系强度与认知合法性之间的正相关关系减弱，表明关系能力在关系强度与认知合法性之间存在部分中介效应；在加入关系能力后，网络规模与认知合法性之间的正相关关系减弱，表明关系能力在网络规模与认知合法性之间存在部分中介效应；在加入关系能力后，信任与实用合法性之间的正相关关系消失，表明关系能力在信任与实用合法性之间存在完全中介效应。

表 6 – 44 关系能力在社会网络与认知合法性之间中介作用模型的回归分析结果

	被解释变量					
	模型 I（认知合法）		模型 II（认知合法）		模型 III（认知合法）	
	B	T	B	T	B	T
控制变量						
行业	控制		控制		控制	
规模	控制		控制		控制	
被解释变量						
关系能力	0.624 ***	4.653	0.747 ***	5.368	1.019 ***	9.926

续表

	模型 I （认知合法）		模型 II （认知合法）		模型 III （认知合法）	
被解释变量						
	B	T	B	T	B	T
关系强度	0.454***	3.701				
网络规模			0.231**	2.372		
信任					-0.073	-0.601
R^2	0.633		0.608		0.589	
调整的 R^2	0.600		0.572		0.552	
F	19.141		17.183		15.906	

注：*** 代表 $p<0.01$，** 代表 $p<0.05$，* 代表 $p<0.1$。

关系能力在社会网络与认知合法性之间的中介作用如图 6-6 所示。

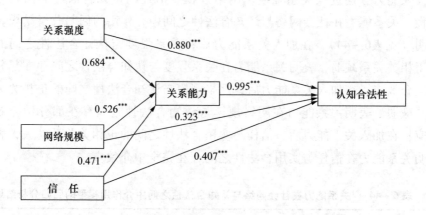

图 6-6　关系能力在社会网络与认知合法性之间的中介作用模型

注：*** 代表 $p<0.01$，** 代表 $p<0.05$，* 代表 $p<0.1$。

第四节　企业所有权性质对组织
合法性的影响检验

在本书的假设模型中，我们提出企业所有权性质对社会网络与组织合法性之间的关系具有调节作用，我们利用分组回归分析方法检验这些调节作用是否存在。

一 企业所有权性质在关系强度与组织合法性之间的调节影响检验

（一）企业所有权性质在关系强度与实用合法性之间的调节作用检验

本书假设企业所有权性质对关系强度与实用合法性的正向关系起调节作用。由于企业所有权性质是分类变量，因此，企业所有权性质在关系强度与组织合法性之间的调节效应检验需要采用分组回归分析。第一步是对样本数据按企业所有权性质的类别（分别用1、2、3来表示民营企业、国有企业和中外合资企业）进行分割；第二步是在控制样本企业行业、规模的情况下进行回归分析。从表6-45可以看出，三组回归方程具有显著效应（$p < 0.001$），表明企业所有权性质具有显著的调节效应。

表6-45 企业所有权性质在关系强度与实用合法性之间调节作用模型的拟合情况

企业所有权性质	模型	R	R^2	调整的R^2	估计标准差	变量统计				
						R^2变量	F变量	自由度1	自由度2	p
1	1	0.749	0.561	0.468	0.53599	0.561	6.063	4	19	0.003
2	1	0.783	0.613	0.544	0.44658	0.613	8.918	8	45	0.000
3	1	0.815	0.663	0.602	0.41418	0.663	10.841	6	33	0.000

从表6-46中可以看出，民营企业和国有企业没有调节关系强度与实用合法性之间的关系。中外合资企业正向调节了关系强度与实用合法性之间的关系。

表6-46 企业所有权性质在关系强度与实用合法性之间调节作用模型的回归分析结果

企业所有权性质	模型		非标准系数		标准系数β	t	p
			B	标准差			
1	1	常数	4.938	1.415		3.490	0.002
		规模虚拟变量1	1.521	0.367	0.788	4.144	0.001

续表

企业所有权性质	模型		非标准系数		标准系数 β	t	p
			B	标准差			
2	1	规模虚拟变量2	1.031	0.296	0.717	3.486	0.002
		行业虚拟变量2	0.906	0.264	0.594	3.436	0.003
		关系强度	-0.406	0.376	-0.201	-1.080	0.293
		常数	3.143	0.379		8.290	0.000
		规模虚拟变量1	1.341	0.241	0.795	5.559	0.000
		规模虚拟变量2	0.477	0.274	0.191	1.742	0.088
		关系强度	0.137	0.090	0.153	1.520	0.136
		行业虚拟变量1	-0.076	0.231	-0.048	-0.327	0.745
		行业虚拟变量3	0.354	0.204	0.224	1.734	0.090
		行业虚拟变量4	1.311	0.274	0.524	4.785	0.000
		行业虚拟变量5	-1.030	0.289	-0.412	-3.566	0.001
		行业虚拟变量6	0.046	0.225	0.025	0.202	0.841
3	1	常数	1.476	0.616		2.396	0.022
		规模虚拟变量1	0.912	0.234	0.689	3.902	0.000
		规模虚拟变量2	-0.057	0.225	-0.040	-0.252	0.803
		行业虚拟变量2	0.560	0.189	0.346	2.971	0.006
		关系强度	0.639	0.141	0.705	4.518	0.000
		行业虚拟变量1	0.331	0.294	0.153	1.125	0.269
		行业虚拟变量3	0.422	0.180	0.260	2.349	0.025

（二）企业所有权性质在关系强度与道德合法性之间的调节作用检验

本书假设企业所有权性质对关系强度与道德合法性的正向关系起调节作用，并采用分组回归分析检验。第一步是对样本数据按企业所有权性质的类别（分别用1、2、3来表示民营企业、国有企业和中外合资企业）进行分割；第二步是在控制样本企业行业、规模的情况下进行回归分析。从表6-47可以看出，三组回归方程具有显著效应，表明企业所有权性质具有显著的调节效应。

表 6 – 47　　　　企业所有权性质在关系强度与道德合法性之间
调节作用模型的拟合情况

企业所有权性质	模型	R	R²	调整的 R²	估计标准差	变量统计				
						R² 变量	F变量	自由度 1	自由度 2	p
1	1	0.853	0.728	0.671	0.42664	0.728	12.724	4	19	0.000
2	1	0.861	0.742	0.696	0.32646	0.742	16.136	8	45	0.000
3	1	0.614	0.377	0.264	0.50572	0.377	3.334	6	33	0.011

从表 6 – 48 可以看出，民营企业负向调节了关系强度与道德合法性之间的关系，国有企业和中外合资企业正向调节了关系强度与道德合法性之间的关系。其中，中外合资企业对关系强度与认知合法性的正向调节作用较大。

表 6 – 48　　企业所有权性质在关系强度与道德合法性之间调节
作用模型的回归分析结果

企业所有权性质	模型		非标准系数		标准系数 β	t	p
			B	标准差			
1	1	常数	7.938	1.126		7.048	0.000
		规模虚拟变量 1	1.688	0.292	0.864	5.777	0.000
		规模虚拟变量 2	1.448	0.235	0.994	6.148	0.000
		行业虚拟变量 2	0.990	0.210	0.641	4.713	0.000
		关系强度	-1.156	0.299	-0.565	-3.863	0.001
2	1	常数	1.583	0.277		5.712	0.000
		规模虚拟变量 1	0.808	0.176	0.535	4.582	0.000
		规模虚拟变量 2	-0.091	0.200	-0.040	-0.452	0.653
		关系强度	0.544	0.066	0.681	8.269	0.000
		行业虚拟变量 1	0.696	0.169	0.493	4.116	0.000
		行业虚拟变量 3	0.414	0.149	0.294	2.779	0.008
		行业虚拟变量 4	0.993	0.200	0.444	4.958	0.000
		行业虚拟变量 5	-0.565	0.211	-0.253	-2.676	0.010
		行业虚拟变量 6	0.015	0.165	0.009	0.088	0.930

企业所有权性质	模型		非标准系数		标准系数 β	t	p
			B	标准差			
3	1	常数	1.744	0.752		2.319	0.027
		规模虚拟变量 1	0.616	0.285	0.519	2.160	0.038
		规模虚拟变量 2	0.114	0.274	0.090	0.417	0.679
		行业虚拟变量 2	0.040	0.230	0.028	0.175	0.862
		关系强度	0.657	0.173	0.807	3.804	0.001
		行业虚拟变量 1	-0.027	0.360	-0.014	-0.075	0.941
		行业虚拟变量 3	-0.017	0.219	-0.012	-0.077	0.939

（三）企业所有权性质在关系强度与认知合法性之间的调节作用检验

本书假设企业所有权性质对关系强度与认知合法性的正向关系起调节作用，并采用分组回归分析来检验。第一步是对样本数据按企业所有权性质的类别（分别用1、2、3 来表示民营企业、国有企业和中外合资企业）进行分割；第二步是在控制样本企业行业、规模情况下进行回归分析。从表6-49 可以看出，三组回归方程具有显著效应，表明企业所有权性质具有显著的调节效应。

表 6-49　　　企业所有权性质在关系强度与认知合法性之间
调节作用模型的拟合情况

企业所有权性质	模型	R	R^2	调整的 R^2	估计标准差	变量统计				
						R^2 变量	F 变量	自由度 1	自由度 2	p
1	1	0.976	0.952	0.942	0.16222	0.952	94.472	4	19	0.000
2	1	0.726	0.528	0.444	0.71922	0.528	6.283	8	45	0.000
3	1	0.904	0.818	0.785	0.33159	0.818	24.664	6	33	0.000

从表6-50 可以看出，民营企业、国有企业和中外合资企业都正向调节了关系强度与认知合法性之间的关系。其中，中外合资企业对关系

强度与认知合法性的正向调节作用最大。

表 6-50　　企业所有权性质在关系强度与认知合法性之间
调节作用模型的回归分析结果

企业所有权性质	模型		非标准系数		标准系数	t	p
			标准差	β			
1	1	常数	-0.625	0.428		-1.459	0.161
		规模虚拟变量1	0.542	0.111	0.306	4.877	0.000
		规模虚拟变量2	0.646	0.090	0.490	7.212	0.000
		行业虚拟变量2	0.729	0.080	0.521	9.134	0.000
		关系强度	0.937	0.114	0.506	8.238	0.000
2	1	常数	0.142	0.611		0.233	0.817
		规模虚拟变量1	0.597	0.389	0.243	1.537	0.131
		规模虚拟变量2	0.501	0.441	0.137	1.135	0.262
		关系强度	0.745	0.145	0.573	5.148	0.000
		行业虚拟变量1	0.205	0.372	0.089	0.551	0.584
		行业虚拟变量3	0.403	0.328	0.175	1.227	0.226
		行业虚拟变量4	1.209	0.441	0.331	2.741	0.009
		行业虚拟变量5	0.612	0.465	0.168	1.315	0.195
		行业虚拟变量6	0.582	0.363	0.216	1.604	0.116
3	1	常数	0.224	0.493		0.454	0.653
		规模虚拟变量1	0.253	0.187	0.175	1.350	0.186
		规模虚拟变量2	0.316	0.180	0.206	1.760	0.088
		行业虚拟变量2	-0.202	0.151	-0.115	-1.338	0.190
		关系强度	1.051	0.113	1.066	9.283	0.000
		行业虚拟变量1	-0.476	0.236	-0.203	-2.021	0.051
		行业虚拟变量3	-0.027	0.144	-0.015	-0.187	0.853

二　企业所有权性质在网络规模与组织合法性之间的调节影响检验

（一）企业所有权性质在网络规模与实用合法性之间的调节作用

假设企业所有权性质对网络规模与实用合法性的正向关系起调节作用。由于企业所有权性质是分类变量，因此，企业所有权性质在网络规模与实用合法性间的调节效应检验需要采用分组回归分析。第一步是对样本数据按企业所有权性质的类别（分别用1、2、3来表示民营企业、国有企业和中外合资企业）进行分割；第二步是在控制样本企业行业、规模的情况下进行回归分析。从表6–51可以看出，三组回归方程具有显著效应，表明企业所有权性质具有显著的调节效应。

表6–51　企业所有权性质在网络规模与实用合法性之间调节作用模型的拟合情况

企业所有权性质	模型	R	R^2	调整的 R^2	估计标准差	变量统计				
						R^2 变量	F 变量	自由度1	自由度2	p
1	1	0.823	0.678	0.610	0.45893	0.678	9.999	4	19	0.000
2	1	0.800	0.639	0.575	0.43120	0.639	9.974	8	45	0.000
3	1	0.914	0.836	0.806	0.28898	0.836	28.069	6	33	0.000

从表6–52可以看出，民营企业负向调节了网络规模与实用合法性之间的关系。国有企业和中外合资企业都正向调节了网络规模与实用合法性之间的关系。其中，中外合资企业对网络规模与实用合法性的正向调节作用较大。

表6–52　　企业所有权性质在网络规模与实用合法性之间调节
作用模型的回归分析结果

企业所有权性质	模型		非标准系数		标准系数 β	t	p
			B	标准差			
1	1	常数	6.622	1.112		5.955	0.000
		规模虚拟变量1	0.867	0.352	0.449	2.460	0.024
		规模虚拟变量2	1.268	0.255	0.881	4.975	0.000
		行业虚拟变量2	0.620	0.222	0.406	2.790	0.012
		网络规模	−0.885	0.304	−0.607	−2.917	0.009

企业所有权性质	模型		非标准系数		标准系数 β	t	p
			B	标准差			
2	1	常数	2.955	0.334		8.859	0.000
		规模虚拟变量1	1.391	0.234	0.824	5.940	0.000
		规模虚拟变量2	0.279	0.280	0.112	0.999	0.323
		网络规模	0.196	0.082	0.299	2.397	0.021
		行业虚拟变量1	0.128	0.248	0.081	0.514	0.609
		行业虚拟变量3	0.402	0.198	0.255	2.035	0.048
		行业虚拟变量4	1.064	0.287	0.425	3.705	0.001
		行业虚拟变量5	-1.033	0.279	-0.413	-3.706	0.001
		行业虚拟变量6	0.172	0.227	0.093	0.756	0.454
3	1	常数	2.317	0.241		9.595	0.000
		规模虚拟变量1	0.339	0.132	0.256	2.577	0.015
		规模虚拟变量2	0.165	0.161	0.116	1.023	0.314
		行业虚拟变量2	0.494	0.132	0.305	3.750	0.001
		网络规模	0.463	0.053	0.722	8.759	0.000
		行业虚拟变量1	1.062	0.190	0.491	5.581	0.000
		行业虚拟变量3	0.187	0.131	0.115	1.431	0.162

（二）企业所有权性质在网络规模与道德合法性之间的调节作用检验

假设企业所有权性质对网络规模与道德合法性的正向关系起调节作用。由于企业所有权性质是分类变量，因此，企业所有权性质在网络规模与道德合法性之间的调节效应检验需要采用分组回归分析。第一步是对样本数据按企业所有权性质的类别（分别用1、2、3来表示民营企业、国有企业和中外合资企业）进行分割，第二步则是在控制样本企业行业、规模的情况下进行回归分析。从表6-53可以看出，三组回归方程具有显著效应，表明企业所有权性质具有显著的调节效应。

表6-53 企业所有权性质在网络规模与道德合法性之间调节作用模型的拟合情况

企业所有权性质	模型	R	R^2	调整的R^2	估计标准差	变量统计				
						R^2变量	F变量	自由度1	自由度2	p
1	1	0.962	0.925	0.909	0.22479	0.925	58.194	4	19	0.000
2	1	0.701	0.491	0.400	0.45815	0.491	5.424	8	45	0.000
3	1	0.888	0.788	0.750	0.29504	0.788	20.454	6	33	0.000

从表6-54可以看出,民营企业负向调节了网络规模与道德合法性之间的关系,国有企业和中外合资企业都正向调节了网络规模与道德合法性之间的关系。其中,中外合资企业对网络规模与道德合法性的正向调节作用较大。

表6-54 企业所有权性质在网络规模与道德合法性之间调节作用模型的回归分析结果

企业所有权性质	模型		非标准系数		标准系数β	t	p
			B	标准差			
1	1	常数	9.091	0.545		16.691	0.000
		规模虚拟变量1	0.440	0.173	0.225	2.549	0.020
		规模虚拟变量2	1.654	0.125	1.136	13.243	0.000
		行业虚拟变量2	0.391	0.109	0.253	3.589	0.002
		网络规模	-1.510	0.149	-1.023	-10.159	0.000
2	1	常数	2.549	0.354		7.192	0.000
		规模虚拟变量1	0.868	0.249	0.575	3.489	0.001
2	1	规模虚拟变量2	-0.347	0.297	-0.155	-1.167	0.249
		网络规模	0.308	0.087	0.525	3.545	0.001
		行业虚拟变量1	0.796	0.264	0.564	3.019	0.004
		行业虚拟变量3	0.509	0.210	0.361	2.423	0.019
		行业虚拟变量4	0.659	0.305	0.295	2.162	0.036
		行业虚拟变量5	-0.496	0.296	-0.222	-1.675	0.101
		行业虚拟变量6	0.103	0.241	0.062	0.427	0.671

续表

企业所有权性质	模型		非标准系数		标准系数 β	t	p
			B	标准差			
3	1	常数	2.290	0.247		9.288	0.000
		规模虚拟变量1	0.037	0.134	0.031	0.273	0.786
		规模虚拟变量2	0.433	0.165	0.341	2.635	0.013
		行业虚拟变量2	-0.037	0.134	-0.025	-0.273	0.786
		网络规模	0.557	0.054	0.968	10.319	0.000
		行业虚拟变量1	0.760	0.194	0.392	3.914	0.000
		行业虚拟变量3	-0.323	0.133	-0.222	-2.423	0.021

（三）企业所有权性质在网络规模与认知合法性之间的调节作用检验

假设企业所有权性质对网络规模与认知合法性的正向关系起调节作用。由于企业所有权性质是分类变量，因此，企业所有权性质在网络规模与认知合法性之间的调节效应检验需要采用分组回归分析。第一步是对样本数据按企业所有权性质的类别（分别用1、2、3来表示民营企业、国有企业和中外合资企业）进行分割；第二步是在控制样本企业行业、规模的情况下进行回归分析。从表6-55可以看出，三组回归方程具有显著效应，表明企业所有权性质具有显著的调节效应。

表6-55　企业所有权性质在网络规模与认知合法性之间调节作用模型的拟合情况

企业所有权性质	模型	R	R^2	调整的 R^2	估计标准差	变量统计				
						R^2 变量	F 变量	自由度1	自由度2	p
1	1	0.922	0.850	0.819	0.28677	0.850	27.001	4	19	0.000
2	1	0.867	0.752	0.708	0.52140	0.752	17.033	8	45	0.000
3	1	0.881	0.777	0.736	0.36682	0.777	19.148	6	33	0.000

从表6-56可以看出，民营企业、国有企业和中外合资企业都正向调节了网络规模与认知合法性之间的关系。其中，国有企业对网络规模与认知合法性的正向调节作用最大。

表6−56 企业所有权性质在网络规模与认知合法性之间调节作用
模型的回归分析结果

企业所有权性质	模型		非标准系数		标准系数 β	t	p
			B	标准差			
1	1	常数	0.828	0.695		1.192	0.248
		规模虚拟变量1	1.151	0.220	0.650	5.226	0.000
		规模虚拟变量2	0.786	0.159	0.596	4.937	0.000
		行业虚拟变量2	1.073	0.139	0.767	7.728	0.000
		网络规模	0.562	0.190	0.420	2.966	0.008
2	1	常数	−0.424	0.403		−1.050	0.299
		规模虚拟变量1	0.831	0.283	0.338	2.936	0.005
		规模虚拟变量2	−0.438	0.338	−0.120	−1.294	0.202
		网络规模	0.944	0.099	0.987	9.542	0.000
		行业虚拟变量1	1.125	0.300	0.490	3.750	0.001
		行业虚拟变量3	0.641	0.239	0.279	2.684	0.010
		行业虚拟变量4	0.035	0.347	0.010	0.100	0.921
		行业虚拟变量5	0.620	0.337	0.170	1.841	0.072
		行业虚拟变量6	1.160	0.275	0.431	4.222	0.000
3	1	常数	2.489	0.307		8.120	0.000
		规模虚拟变量1	−0.713	0.167	−0.495	−4.266	0.000
		规模虚拟变量2	0.429	0.205	0.279	2.096	0.044
		行业虚拟变量2	−0.287	0.167	−0.163	−1.715	0.096
		网络规模	0.539	0.067	0.772	8.024	0.000
		行业虚拟变量1	0.626	0.242	0.266	2.592	0.014
		行业虚拟变量3	−0.235	0.166	−0.133	−1.418	0.165

三 企业所有权性质在社会地位与组织合法性之间的调节影响检验

（一）企业所有权性质在社会地位与实用合法性之间的调节作用检验

假设企业所有权性质对社会地位与实用合法性的正向关系起调节作用。由于企业所有权性质是分类变量，因此，企业所有权性质在社会地位与实用合法性之间的调节效应检验需要采用分组回归分析。第一步是对样本数据按企业所有权性质的类别（分别用1、2、3来表示民营企业、国有企业和中外合资企业）进行分割；第二步是在控制样本企业行业、规模的情况下进行回归分析。从表 6 - 57 可以看出，三组回归方程不具有显著效应，表明企业所有权性质不具有显著的调节效应。

表 6 - 57 企业所有权性质在社会地位与实用合法性之间调节作用模型的拟合情况

企业所有权性质	模型	R	R²	调整的 R²	估计标准差	变量统计				
						R² 变量	F 变量	自由度 1	自由度 2	p
1	1	0.760	0.577	0.488	0.52583	0.577	6.485	4	19	0.002
2	1	0.778	0.605	0.535	0.45123	0.605	8.620	8	45	0.000
3	1	0.676	0.457	0.358	0.52620	0.457	4.624	6	33	0.002

从表 6 - 58 可以看出，民营企业正向调节了社会地位与实用合法性之间的关系，而国有企业和中外合资企业都没有调节社会地位与实用合法性之间的关系。

表 6 - 58 企业所有权性质在社会地位与实用合法性之间调节作用模型的回归分析结果

企业所有权性质	模型		非标准系数		标准系数 β	t	p
			B	标准差			
1	1	常数	0.016	2.452		0.006	0.995
		规模虚拟变量 1	1.896	0.492	0.982	3.854	0.001
		规模虚拟变量 2	1.250	0.372	0.869	3.362	0.003
		行业虚拟变量 2	0.589	0.290	0.386	2.028	0.057
		社会地位	0.859	0.615	0.406	1.398	0.178
2	1	常数	4.207	0.494		8.523	0.000
		规模虚拟变量 1	1.309	0.245	0.776	5.352	0.000
		规模虚拟变量 2	0.544	0.279	0.217	1.950	0.057
		社会地位	-0.146	0.126	-0.113	-1.157	0.253
		行业虚拟变量 1	-0.196	0.227	-0.124	-0.863	0.393
		行业虚拟变量 3	0.376	0.206	0.238	1.821	0.075
		行业虚拟变量 4	1.348	0.277	0.539	4.873	0.000
		行业虚拟变量 5	-1.019	0.292	-0.407	-3.494	0.001
		行业虚拟变量 6	0.000	0.226	0.000	0.000	1.000

续表

企业所有权性质	模型		非标准系数		标准系数 β	t	p
			B	标准差			
3	1	常数	4.310	0.597		7.219	0.000
		规模虚拟变量1	0.309	0.249	0.233	1.240	0.224
		规模虚拟变量2	-0.336	0.282	-0.237	-1.191	0.242
		行业虚拟变量2	0.514	0.261	0.317	1.969	0.057
		社会地位	-0.054	0.180	-0.054	-0.298	0.767
		行业虚拟变量1	0.894	0.367	0.414	2.437	0.020
		行业虚拟变量3	0.585	0.244	0.361	2.399	0.022

（二）企业所有权性质在社会地位与道德合法性之间的调节作用检验

假设企业所有权性质对社会地位与道德合法性的正向关系起调节作用。由于企业所有权性质是分类变量，因此，企业所有权性质在社会地位与道德合法性之间的调节效应检验需要采用分组回归分析。第一步是对样本数据按企业所有权性质的类别（分别用1、2、3来表示民营企业、国有企业和中外合资企业）进行分割；第二步是在控制样本企业行业、规模的情况下进行回归分析。从表6-59可以看出，三组回归方程中有一组不具有显著效应，表明企业所有权性质不具有显著的调节效应。

表6-59 企业所有权性质在社会地位与道德合法性之间调节作用模型的拟合情况

企业所有权性质	模型	R	R^2	调整的R^2	估计标准差	R^2变量	F变量	自由度1	自由度2	p
1	1	0.718	0.515	0.413	0.56986	0.515	5.044	4	19	0.006
2	1	0.886	0.786	0.748	0.29716	0.786	20.639	8	45	0.000
3	1	0.376	0.142	-0.014	0.59382	0.142	0.907	6	33	0.502

从表6-60可以看出，民营企业正向调节社会地位与道德合法性之间的关系，而国有企业和中外合资企业都没有调节社会地位与实用合法性之间的关系。

表 6-60　企业所有权性质在社会地位与道德合法性之间调节作用模型的回归分析结果

企业所有权性质	模型		非标准系数		标准系数 β	t	p
			B	标准差			
1	1	常数	3.953	2.657		1.488	0.153
		规模虚拟变量1	1.313	0.533	0.672	2.462	0.024
		规模虚拟变量2	0.917	0.403	0.630	2.275	0.035
		行业虚拟变量2	0.734	0.315	0.475	2.335	0.031
		社会地位	-0.078	0.666	-0.036	-0.117	0.908
2	1	常数	0.719	0.325		2.210	0.032
		规模虚拟变量1	0.911	0.161	0.603	5.653	0.000
		规模虚拟变量2	-0.239	0.184	-0.107	-1.301	0.200
		社会地位	0.797	0.083	0.686	9.583	0.000
		行业虚拟变量1	0.493	0.150	0.349	3.295	0.002
		行业虚拟变量3	0.365	0.136	0.259	2.684	0.010
		行业虚拟变量4	1.004	0.182	0.448	5.510	0.000
		行业虚拟变量5	-0.338	0.192	-0.151	-1.760	0.085
		行业虚拟变量6	-0.167	0.149	-0.101	-1.122	0.268
3	1	常数	5.236	0.674		7.772	0.000
		规模虚拟变量1	0.067	0.281	0.056	0.237	0.814
		规模虚拟变量2	-0.097	0.318	-0.076	-0.305	0.763
		行业虚拟变量2	-0.115	0.294	-0.079	-0.391	0.698
		社会地位	-0.242	0.203	-0.270	-1.196	0.240
		行业虚拟变量1	0.685	0.414	0.353	1.654	0.108
		行业虚拟变量3	0.248	0.275	0.171	0.903	0.373

四　企业所有权性质在信任与组织合法性之间的调节影响检验

（一）企业所有权性质在信任与实用合法性之间的调节作用检验

假设企业所有权性质对信任与实用合法性的正向关系起调节作用。由于企业所有权性质是分类变量，因此，企业所有权性质在信任与实用合法性之间的调节效应检验需要采用分组回归分析。第一步是对样本数据按企业所有权性质的类别（分别用 1、2、3 来表示民营企业、国有企业和中外合资企业）进行分割；第二步是在控制样本企业行业、规模的情况下进行回归分析。从表 6 - 61 可以看出，三组回归方程都具有显著效应，表明企业所有权性质具有显著的调节效应。

表 6 - 61　企业所有权性质在信任与实用合法性之间调节作用模型的拟合情况

企业所有权性质	模型	R	R^2	调整的 R^2	估计标准差	变量统计				
						R^2 变量	F 变量	自由度 1	自由度 2	p
1	1	0.892	0.796	0.753	0.36548	0.796	18.507	4	19	0.000
2	1	0.804	0.647	0.584	0.42684	0.647	10.295	8	45	0.000
3	1	0.809	0.654	0.591	0.42011	0.654	10.383	6	33	0.000

从表 6 - 62 可以看出，民营企业负向调节了信任与实用合法性之间的关系，而国有企业和中外合资企业都正向调节了信任与实用合法性之间的关系。其中，中外合资企业对信任与实用合法性之间的正向调节作用较大。

表 6 - 62　企业所有权性质在信任与实用合法性之间调节作用模型的回归分析结果

企业所有权性质	模型		非标准系数		标准系数 β	t	p
			B	标准差			
1	1	常数	8.723	1.084		8.051	0.000
		规模虚拟变量 1	2.227	0.292	1.154	7.639	0.000
		规模虚拟变量 2	1.371	0.199	0.953	6.902	0.000
		行业虚拟变量 2	0.655	0.172	0.429	3.809	0.001
		信任	-1.439	0.292	-0.687	-4.937	0.000
2	1	常数	2.539	0.459		5.537	0.000
		规模虚拟变量 1	1.409	0.232	0.835	6.063	0.000
		规模虚拟变量 2	0.538	0.262	0.215	2.054	0.046
		信任	0.301	0.115	0.241	2.605	0.012

续表

企业所有权性质	模型		非标准系数		标准系数 β	t	p
			B	标准差			
2	1	行业虚拟变量1	-0.204	0.214	-0.130	-0.955	0.345
		行业虚拟变量3	0.386	0.195	0.245	1.980	0.054
		行业虚拟变量4	1.258	0.263	0.503	4.784	0.000
		行业虚拟变量5	-1.000	0.276	-0.400	-3.629	0.001
		行业虚拟变量6	-0.038	0.214	-0.020	-0.176	0.861
3	1	常数	0.897	0.767		1.169	0.251
		规模虚拟变量1	0.110	0.196	0.083	0.562	0.578
		规模虚拟变量2	-0.524	0.221	-0.370	-2.372	0.024
		行业虚拟变量2	0.723	0.196	0.446	3.698	0.001
		信任	1.011	0.232	0.935	4.349	0.000
		行业虚拟变量1	-0.950	0.498	-0.439	-1.908	0.065
		行业虚拟变量3	0.187	0.199	0.115	0.942	0.353

（二）企业所有权性质在信任与道德合法性之间的调节作用检验

假设企业所有权性质对信任与道德合法性的正向关系起调节作用。由于企业所有权性质是分类变量，因此，企业所有权性质在信任与道德合法性之间的调节效应检验需要采用分组回归分析。第一步是对样本数据按企业所有权性质的类别（分别用1、2、3来表示民营企业、国有企业和中外合资企业）进行分割；第二步在控制样本企业行业、规模的情况下进行回归分析。从表6–63可以看出，三组回归方程都具有显著效应，表明企业所有权性质具有显著的调节效应。

表6–63 企业所有权性质在信任与道德合法性之间调节作用模型的拟合情况

企业所有权性质	模型	R	R^2	调整的 R^2	估计标准差	变量统计				
						R^2变量	F变量	自由度1	自由度2	p
1	1	0.979	0.958	0.949	0.16825	0.958	107.600	4	19	0.000
2	1	0.773	0.598	0.526	0.40730	0.598	8.355	8	45	0.000
3	1	0.739	0.546	0.463	0.43191	0.546	6.611	6	33	0.000

从表6-64可以看出，民营企业负向调节了信任与道德合法性之间的关系，而国有企业和中外合资企业都正向调节了信任与道德合法性之间的关系。其中，中外合资企业对信任与道德合法性之间的正向调节作用较大。

表6-64　企业所有权性质在信任与道德合法性之间调节作用模型的回归分析结果

企业所有权性质	模型		非标准系数		标准系数 β	t	p
			B	标准差			
1	1	常数	10.610	0.499		21.269	0.000
		规模虚拟变量1	2.439	0.134	1.249	18.175	0.000
		规模虚拟变量2	1.629	0.091	1.119	17.810	0.000
		行业虚拟变量2	0.511	0.079	0.331	6.456	0.000
		信任	-1.894	0.134	-0.894	-14.111	0.000
2	1	常数	1.487	0.438		3.398	0.001
		规模虚拟变量1	0.923	0.222	0.612	4.164	0.000
		规模虚拟变量2	0.073	0.250	0.032	0.291	0.772
		信任	0.581	0.110	0.520	5.276	0.000
		行业虚拟变量1	0.261	0.204	0.185	1.277	0.208
		行业虚拟变量3	0.493	0.186	0.350	2.648	0.011
		行业虚拟变量4	0.938	0.251	0.419	3.738	0.001
		行业虚拟变量5	-0.444	0.263	-0.199	-1.690	0.098
		行业虚拟变量6	-0.239	0.204	-0.145	-1.173	0.247
3	1	常数	0.139	0.789		0.177	0.861
		规模虚拟变量1	-0.264	0.201	-0.222	-1.311	0.199
		规模虚拟变量2	-0.418	0.227	-0.329	-1.840	0.075
		行业虚拟变量2	0.264	0.201	0.181	1.311	0.199
		信任	1.353	0.239	1.395	5.664	0.000
		行业虚拟变量1	-1.905	0.512	-0.982	-3.724	0.001
		行业虚拟变量3	-0.373	0.204	-0.256	-1.826	0.077

（三）企业所有权性质在信任与认知合法性之间的调节作用检验

假设企业所有权性质对信任与认知合法性的正向关系起调节作用。由于企业所有权性质是分类变量，因此，企业所有权性质在信任与认知合法性之间的调节效应检验需要采用分组回归分析。第一步是对样本数据按企业所有权性质的类别（分别用1、2、3来表示民营企业、国有企业和中外合资企业）进行分割，第二步则是在控制样本企业行业、规模的情况下进行回归分析。从表6-65可以看出，三组回归方程都具有显著效应，表明企业所有权性质具有显著的调节效应。

表6-65 企业所有权性质在信任与认知合法性之间调节作用模型的拟合情况

企业所有权性质	模型	R	R^2	调整的R^2	估计标准差	变量统计				
						R^2变量	F变量	自由度1	自由度2	p
1	1	0.885	0.782	0.737	0.34586	0.782	17.079	4	19	0.000
2	1	0.561	0.315	0.193	0.86599	0.315	2.589	8	45	0.020
3	1	0.611	0.374	0.260	0.61461	0.374	3.280	6	33	0.012

从表6-66可以看出，民营企业、国有企业和中外合资企业正向调节了信任与认知合法性之间的关系。

表6-66 企业所有权性质在信任与认知合法性之间调节作用模型的回归分析结果

企业所有权性质	模型		非标准系数		标准系数β	t	p
			B	标准差			
1	1	常数	2.523	1.025		2.460	0.024
		规模虚拟变量1	0.758	0.276	0.428	2.746	0.013
		规模虚拟变量2	1.015	0.188	0.769	5.400	0.000
		行业虚拟变量2	0.962	0.163	0.688	5.910	0.000
		信任	0.091	0.276	0.047	0.330	0.745
2	1	常数	1.175	0.930		1.263	0.213
		规模虚拟变量1	0.677	0.471	0.275	1.437	0.158
		规模虚拟变量2	0.686	0.531	0.188	1.291	0.203

企业所有权性质	模型		非标准系数		标准系数 β	t	p
			B	标准差			
2	1	信任	0.487	0.234	0.267	2.078	0.043
		行业虚拟变量1	-0.353	0.434	-0.153	-0.812	0.421
		行业虚拟变量3	0.485	0.396	0.211	1.226	0.227
		行业虚拟变量4	1.212	0.534	0.332	2.271	0.028
		行业虚拟变量5	0.778	0.559	0.213	1.391	0.171
		行业虚拟变量6	0.272	0.434	0.101	0.628	0.533
3	1	常数	3.195	1.123		2.846	0.008
		规模虚拟变量1	-0.850	0.286	-0.591	-2.971	0.005
		规模虚拟变量2	-0.252	0.323	-0.163	-0.778	0.442
		行业虚拟变量2	-0.150	0.286	-0.085	-0.523	0.605
		信任	0.442	0.340	0.376	1.299	0.203
		行业虚拟变量1	-0.403	0.728	-0.171	-0.553	0.584
		行业虚拟变量3	0.034	0.291	0.019	0.115	0.909

第五节　组织合法性对海外经营绩效的影响检验

假设中国企业的实用合法性越高，海外经营绩效越好。回归模型的拟合情况见表6-67，从中可以看出模型是显著的，显著性水平为0.01，同时调整的 R^2 达到0.290。

表6-67　　　　实用合法性对海外经营绩效作用模型的拟合情况

样本数	R^2	调整的 R^2	F	p
122	0.343	0.290	6.485	0.000

回归分析的结果见表6-68。从表6-68可以看出，实用合法性与海外经营绩效存在显著的正相关关系，回归系数为0.756（$p < 0.001$）。

表 6-68　　　实用合法性对海外经营绩效直接作用的回归分析结果

变量	B	标准差	T	p
截距	0.427	0.564	0.756	0.451
规模虚拟变量 1	-0.623	0.262	-2.377	0.019
规模虚拟变量 2	-0.697	0.211	-3.298	0.001
行业虚拟变量 1	-0.474	0.249	-1.901	0.060
行业虚拟变量 2	-0.188	0.274	-0.688	0.493
行业虚拟变量 3	-0.101	0.242	-0.420	0.676
行业虚拟变量 4	0.793	0.507	1.562	0.121
行业虚拟变量 5	1.172	0.485	2.417	0.017
行业虚拟变量 6	-0.199	0.356	-0.559	0.577
实用合法性	0.756	0.144	5.246	0.000

本书假设中国企业的道德合法性越高，海外经营绩效越好。回归模型的拟合情况见表 6-69，可以看出，模型是显著的，显著性水平为 0.01，同时调整的 R^2 达到 0.273。

表 6-69　　　道德合法性对海外经营绩效作用模型的拟合情况

样本数	R^2	调整的 R^2	F	p
122	0.327	0.273	6.056	0.000

回归分析的结果见表 6-70。从表 6-70 可以看出，道德合法性与海外经营绩效存在显著的正相关关系，回归系数为 0.685（$p < 0.001$）。

表 6-70　　　道德合法性对海外经营绩效直接作用的回归分析结果

变量	B	标准差	T	p
截距	0.474	0.588	0.806	0.422
规模虚拟变量 1	-0.232	0.237	-0.980	0.329
规模虚拟变量 2	-0.620	0.211	-2.943	0.004
行业虚拟变量 1	-0.251	0.248	-1.013	0.313
行业虚拟变量 2	0.045	0.264	0.169	0.866
行业虚拟变量 3	0.076	0.241	0.315	0.754

续表

变量	B	标准差	T	p
行业虚拟变量 4	1.274	0.488	2.611	0.010
行业虚拟变量 5	1.020	0.486	2.098	0.038
行业虚拟变量 6	0.130	0.368	0.354	0.724
道德合法性	0.685	0.139	4.935	0.000

假设中国企业的认知合法性越高，海外经营绩效越好。回归模型的拟合情况见表 6 – 71，可以看出，模型是显著的，显著性水平为 0.01，同时调整的 R^2 达到 0.537。

表 6 – 71　　　认知合法性对海外经营绩效作用模型的拟合情况

样本数	R^2	调整的 R^2	F	p
122	0.571	0.537	16.565	0.000

回归分析的结果见表 6 – 72。从表 6 – 72 可以看出，认知合法性与海外经营绩效存在显著正相关关系，回归系数为 0.792（$p < 0.001$）。

表 6 – 72　　　认知合法性对海外经营绩效直接作用的回归分析结果

变量	B	标准差	T	p
截距	0.520	0.304	1.710	0.090
规模虚拟变量 1	− 0.089	0.183	− 0.484	0.630
规模虚拟变量 2	− 0.981	0.174	− 5.627	0.000
行业虚拟变量 1	− 0.141	0.198	− 0.710	0.479
行业虚拟变量 2	− 0.051	0.209	− 0.243	0.809
行业虚拟变量 3	− 0.014	0.193	− 0.073	0.942
行业虚拟变量 4	1.050	0.388	2.704	0.008
行业虚拟变量 5	0.139	0.388	0.357	0.722
行业虚拟变量 6	− 0.159	0.288	− 0.551	0.583
认知合法性	0.792	0.078	10.090	0.000

第六节 实证结果汇总

本章在数据分析的基础上，对中国企业海外经营的组织合法性生成机制及其与海外经营绩效的关系模型中提出的假设进行了实证检验。所有假设及其验证的结果如表 6－73 所示。第七章将对这些分析结果进行具体讨论。

表 6－73 实证结果汇总

序号	假设	验证结果
假设 1a	在其他条件相同的情况下，中国企业海外经营社会网络的强度越大，其实用合法性越高	支持
假设 1b	在其他条件相同的情况下，中国企业海外经营社会网络的强度越大，其道德合法性越高	支持
假设 1c	在其他条件相同的情况下，中国企业海外经营社会网络的强度越大，其认知合法性越高	支持
假设 2a	在其他条件相同的情况下，中国企业海外经营社会网络的规模越大，其实用合法性越高	支持
假设 2b	在其他条件相同的情况下，中国企业海外经营社会网络的规模越大，其道德合法性越高	支持
假设 2c	在其他条件相同的情况下，中国企业海外经营社会网络的规模越大，其认知合法性越高	支持
假设 3a	在其他条件相同的情况下，中国企业海外经营社会网络成员的社会地位越高，其实用合法性越高	不支持
假设 3b	在其他条件相同的情况下，中国企业海外经营社会网络成员的社会地位越高，其道德合法性越高	支持
假设 3c	在其他条件相同的情况下，中国企业海外经营社会网络成员的社会地位越高，其认知合法性越高	不支持
假设 4a	在其他条件相同的情况下，中国企业与海外经营社会网络成员间越信任，其实用合法性越高	支持
假设 4b	在其他条件相同的情况下，中国企业与海外经营社会网络成员间越信任，其道德合法性越高	支持

续表

序号	假设	验证结果
假设 4c	在其他条件相同的情况下，中国企业与海外经营社会网络成员间越信任，其认知合法性越高	支持
假设 5a	在其他条件相同的情况下，中国企业的海外经营认知越充分，其实用合法性越高	支持
假设 5b	在其他条件相同的情况下，中国企业的海外经营认知越充分，其道德合法性越高	支持
假设 5c	在其他条件相同的情况下，中国企业的海外经营认知越充分，其认知合法性越高	支持
假设 9b	在其他条件相同的情况下，中国企业的海外经营认知在信任对道德合法性的影响中起中介作用	支持
假设 9c	在其他条件相同的情况下，中国企业的海外经营认知在信任对认知合法性的影响中起中介作用	支持
假设 10a	在其他条件相同的情况下，中国企业的关系能力越强，其实用合法性越高	支持
假设 10b	在其他条件相同的情况下，中国企业的关系能力越强，其道德合法性越高	支持
假设 10c	在其他条件相同的情况下，中国企业的关系能力越强，其认知合法性越高	支持
假设 11a	在其他条件相同的情况下，中国企业的关系能力在关系强度对实用合法性的影响中起中介作用	支持
假设 11b	在其他条件相同的情况下，中国企业的关系能力在关系强度对道德合法性的影响中起中介作用	支持
假设 11c	在其他条件相同的情况下，中国企业的关系能力在关系强度对认知合法性的影响中起中介作用	支持
假设 12a	在其他条件相同的情况下，中国企业的关系能力在网络规模对实用合法性的影响中起中介作用	支持
假设 12b	在其他条件相同的情况下，中国企业的关系能力在网络规模对道德合法性的影响中起中介作用	支持
假设 12c	在其他条件相同的情况下，中国企业的关系能力在网络规模对认知合法性的影响中起中介作用	支持
假设 13a	在其他条件相同的情况下，中国企业的关系能力在网络成员的社会地位对实用合法性的影响中起中介作用	不支持

续表

序号	假设	验证结果
假设 13b	在其他条件相同的情况下，中国企业的关系能力在网络成员的社会地位对道德合法性的影响中起中介作用	支持
假设 13c	在其他条件相同的情况下，中国企业的关系能力在网络成员的社会地位对认知合法性的影响中起中介作用	不支持
假设 14a	在其他条件相同的情况下，中国企业的关系能力在信任对实用合法性的影响中起中介作用	支持
假设 14b	在其他条件相同的情况下，中国企业的关系能力在信任对道德合法性的影响中起中介作用	支持
假设 14c	在其他条件相同的情况下，中国企业的关系能力在信任对认知合法性的影响中起中介作用	支持
假设 15a	在其他条件相同的情况下，中国企业的所有权性质对关系强度与实用合法性的正向关系起调节作用	支持
假设 15b	在其他条件相同的情况下，中国企业的所有权性质对关系强度与道德合法性的正向关系起调节作用	支持
假设 15c	在其他条件相同的情况下，中国企业的所有权性质对关系强度与认知合法性的正向关系起调节作用	支持
假设 16a	在其他条件相同的情况下，中国企业的所有权性质对网络规模与实用合法性的正向关系起调节作用	支持
假设 16b	在其他条件相同的情况下，中国企业的所有权性质对网络规模与道德合法性的正向关系起调节作用	支持
假设 16c	在其他条件相同的情况下，中国企业的所有权性质对网络规模与认知合法性的正向关系起调节作用	支持
假设 17a	在其他条件相同的情况下，中国企业的所有权性质对网络成员的社会地位与实用合法性的正向关系起调节作用	不支持
假设 17b	在其他条件相同的情况下，中国企业的所有权性质对网络成员的社会地位与道德合法性的正向关系起调节作用	不支持
假设 17c	在其他条件相同的情况下，中国企业的所有权性质对网络成员的社会地位与认知合法性的正向关系起调节作用	不支持
假设 18a	在其他条件相同的情况下，中国企业的所有权性质对信任与实用合法性的正向关系起调节作用	支持
假设 18b	在其他条件相同的情况下，中国企业的所有权性质对信任与道德合法性的正向关系起调节作用	支持

续表

序号	假设	验证结果
假设 18c	在其他条件相同的情况下，中国企业的所有权性质对信任与认知合法性的正向关系起调节作用	支持
假设 19a	在其他条件相同的情况下，中国企业的实用合法性越高，其海外经营绩效越好	支持
假设 19b	在其他条件相同的情况下，中国企业的道德合法性越高，其海外经营绩效越好	支持
假设 19c	在其他条件相同的情况下，中国企业的认知合法性越高，其海外经营绩效越好	支持

本章小结

本章运用 SPSS 15.0 统计软件，对前文提出的理论模型进行假设检验。具体来说，运用线性回归方法，检验了中国企业海外经营社会网络对组织合法性生成的直接作用；运用分步回归方法，检验了关系能力、海外经营认知在海外经营社会网络对组织合法性生成影响的中介作用；运用分组回归方法，检验了企业所有权性质在海外经营社会网络与组织合法性生成关系的调节作用；运用线性回归方法，检验了组织合法性与海外经营绩效的关系。

第七章　研究结论与对策建议

在前文理论分析和实证研究的基础上，本章讨论实证研究结果和梳理总结主要研究结论，并根据研究结论，针对中国企业海外经营发展问题，围绕利用海外社会网络资源和加强组织合法性管理，提出提高中国企业海外经营绩效的对策建议。

第一节　实证结果与研究结论

在理论研究分析的基础上，建构了关于海外经营社会网络和组织合法性关系、组织合法性与海外经营绩效关系的两个模型，经过实证检验研究，本书得出以下结论：①培育和发展企业海外经营组织合法性，是克服企业海外经营非市场障碍、提高经营绩效的重要路径。②构建和运用海外社会网络，是企业获取和利用组织合法性的重要机制。③企业海外经营的关系能力和海外经营认知，是企业运用海外社会网络生成组织合法性的两个重要因素。④海外经营的企业所有权性质，对社会网络和组织合法性关系起到调节作用。中外合资所有权性质，更易融入海外社会网络获取组织合法性；国有企业所有权性质作用次之；民营所有权性质不利因素较多。具体实证结果依据总结如下：

一　企业海外经营的社会网络与组织合法性关系

本书构建了关系模型，从企业海外经营社会网络的关系强度、网络规模、社会地位和网络信任四个方面，研究了中国企业海外经营社会网络与实用合法性、道德合法性、认知合法性的相互关系。

本书假设，中国企业海外经营社会网络的关系强度越大，组织合法性越高。实证结果验证了研究假设：

（1）关系强度与实用合法性存在显著的正相关关系，回归系数为

0.406（p<0.001）；

（2）关系强度与道德合法性存在显著的正相关关系，回归系数为0.536（p<0.001）；

（3）关系强度与认知合法性存在显著的正相关关系，回归系数为0.865（p<0.001）。

本书假设，中国企业海外经营社会网络的规模越大，组织合法性越高。实证结果验证了研究假设：

（1）网络规模与实用合法性存在显著的正相关关系，回归系数为0.323（p<0.001）；

（2）网络规模与道德合法性存在显著的正相关关系，回归系数为0.273（p<0.001）；

（3）网络规模与认知合法性存在显著的正相关关系，回归系数为0.323（p<0.001）。

本书假设，中国企业海外经营社会网络成员的社会地位越高，中国企业的组织合法性也越高。实证结果验证了部分研究假设：

（1）社会地位与实用合法性不存在显著的相关关系；

（2）社会地位与道德合法性存在显著的正相关关系，回归系数为0.212（p<0.05）；

（3）社会地位与认知合法性存在显著的正相关关系，回归系数为0.193（p<0.05）。

社会地位与道德合法性存在显著正相关关系，而与实用合法性、认识合法性关系不显著，有两个可能的解释：

（1）中国企业海外经营的社会网络规模较小。在网络规模较小的情况下，尽管中国企业海外经营社会网络中成员的社会地位较高，但对中国企业利益相关者的影响范围和程度有限，从而出现了组织合法性不高的现象。

（2）网络成员的较高社会地位仅仅是中国企业获取组织合法性的潜在资源和条件。网络成员的社会地位与实用合法性、认知合法性关系不显著，说明中国企业可能未充分利用社会网络成员在东道国的影响力，也可能是因为中国企业缺乏资源或能力建立起与社会地位较高的社会网络成员的密切关系。

本书假设，中国企业海外经营社会网络成员间的信任程度越高，组织合法性越高。实证结果验证了研究假设：

（1）信任与实用合法性存在显著的正相关关系，回归系数为 0.362（p < 0.001）；

（2）信任与道德合法性存在显著的正相关关系，回归系数为 0.549（p < 0.001）；

（3）信任与认知合法性存在显著的正相关关系，回归系数为 0.407（p < 0.01）。

二　海外经营认知及其中介效应

本书假设，中国企业的海外经营认知越强，组织合法性越高。实证结果验证了本书假设：

（1）海外经营认知与实用合法性存在显著的正相关关系，回归系数为 0.305（p < 0.001）；

（2）海外经营认知与道德合法性存在显著的正相关关系，回归系数为 0.442（p < 0.001）；

（3）海外经营认知与认知合法性存在显著的正相关关系，回归系数为 0.887（p < 0.001）。

本书假设，中国企业的海外经营认知，在海外社会网络的关系强度、网络规模、网络信任等方面，对组织合法性存在中介作用。实证结果表明：

（1）海外经营认知在关系强度与实用合法性之间存在部分中介效应；

（2）海外经营认知在网络规模与实用合法性之间存在部分中介效应；

（3）海外经营认知在信任与实用合法性之间存在部分中介效应；

（4）海外经营认知在关系强度与道德合法性之间存在部分中介效应；

（5）海外经营认知在网络规模与道德合法性之间存在完全中介效应；

（6）海外经营认知在信任与道德合法性之间存在部分中介效应；

（7）海外经营认知在关系强度与认知合法性之间存在部分中介效应；

（8）海外经营认知在网络规模与认知合法性之间存在完全中介效应；

（9）海外经营认知在信任与认知合法性之间存在完全中介效应。

三　关系能力及其中介效应

本书假设，中国企业的关系能力越强，组织合法性越高。实证结果验证了本书假设：

（1）关系能力与实用合法性存在显著的正相关关系，回归系数为 0.461（p < 0.001）；

（2）关系能力与道德合法性存在显著的正相关关系，回归系数为
0.556（p < 0.001）；

（3）关系能力与认知合法性存在显著的正相关关系，回归系数为
0.995（p < 0.001）。

本书假设，中国企业的关系能力在关系强度、网络规模、社会地位、
信任与实用合法性之间存在中介作用。实证结果表明：

（1）关系能力在关系强度与实用合法性之间存在部分中介效应；

（2）关系能力在网络规模与实用合法性之间存在部分中介效应；

（3）关系能力在信任与实用合法性之间存在部分中介效应；

（4）关系能力在关系强度与道德合法性之间存在部分中介效应；

（5）关系能力在网络规模与道德合法性之间存在完全中介效应；

（6）关系能力在关系强度与道德合法性之间存在完全中介效应；

（7）关系能力在信任与道德合法性之间存在部分中介效应；

（8）关系能力在关系强度与认知合法性之间存在部分中介效应；

（9）关系能力在网络规模与认知合法性之间存在部分中介效应；

（10）关系能力在信任与认知合法性之间存在完全中介效应。

四　企业所有权性质对组织合法性的调节作用

本书认为，社会网络的关系强度、网络规模、社会地位、信任与组织
合法性之间的关系，企业所有权性质起调节作用。实证发现：

（1）企业所有权性质对关系强度与实用合法性关系起正向调节作用；

（2）企业所有权性质对关系强度与道德合法性关系起正向调节作用；

（3）企业所有权性质对关系强度与认知合法性关系起正向调节作用；

（4）企业所有权性质对网络规模与实用合法性关系起正向调节作用；

（5）企业所有权性质对网络规模与道德合法性关系起正向调节作用；

（6）企业所有权性质对网络规模与认知合法性关系起正向调节作用；

（7）企业所有权性质对社会地位与实用合法性关系未起正向调节
作用；

（8）企业所有权性质对社会地位与道德合法性关系未起正向调节
作用；

（9）企业所有权性质对社会地位与认知合法性关系未起正向调节
作用；

（10）企业所有权性质对信任与实用合法性关系起正向起调节作用；

（11）企业所有权性质对信任与道德合法性关系起正向调节作用；

（12）企业所有权性质对信任与认知合法性关系起正向调节作用。

本书实证检验企业所有权性质的调节作用，还发现：

（1）中外合资性质对关系强度与实用合法性关系起明显的正向调节作用；

（2）民营性质会削弱关系强度与道德合法性之间的正向关系；与国有性质相比，中外合资性质对关系强度与道德合法性之间正向关系的促进作用更明显；

（3）与民营性质和国有性质相比，中外合资性质对关系强度与认知合法性之间正向关系的促进作用更明显；

（4）民营性质会削弱网络规模与实用合法性之间的正向关系；与国有性质相比，中外合资性质对网络规模与实用合法性之间正向关系的促进作用更明显；

（5）民营性质会削弱网络规模与道德合法性之间的正向关系；与国有性质相比，中外合资性质对网络规模与道德合法性之间正向关系的促进作用更明显；

（6）与民营性质和中外合资性质相比，国有性质对网络规模与认知合法性之间正向关系的促进作用更明显；

（7）民营性质会削弱信任与实用合法性之间的正向关系；与国有性质相比，中外合资性质对信任与实用合法性之间正向关系的促进作用更明显；

（8）民营性质会削弱信任与道德合法性之间的正向关系；与国有性质相比，中外合资性质对信任与道德合法性之间正向关系的促进作用更明显；

（9）国有性质会促进信任与认知合法性之间的正向关系。

综合各种企业所有权性质的调节作用，可以发现，中外合资是中国企业在国际市场上通过社会网络获取组织合法性的最佳所有权方式，其次是国有性质企业。相对国有企业和中外合资企业，民营企业在国际市场中构建组织合法性会遇到更多的困难。

五 企业海外经营的组织合法性与海外经营绩效关系

本书假设，中国企业的组织合法性越高，海外经营绩效越好。实证结果验证了本书假设：

（1）实用合法性与海外经营绩效存在显著的正相关关系，回归系数为 0.756（$p < 0.001$）；

（2）道德合法性与海外经营绩效存在显著的正相关关系，回归系数为 0.685（$p < 0.001$）；

（3）认知合法性与海外经营绩效存在显著的正相关关系，回归系数为 0.792（$p < 0.001$）。

第二节　提高中国企业海外经营组织合法性的对策建议

本书认为，中国企业提高海外经营绩效的"短板"，不在于企业实力、技术水平和产品质量，而在于不善于构建和运用海外社会网络资源，有效地获取组织合法性，克服海外经营的非市场因素障碍。中国企业要提高海外经营绩效，应加强社会网络战略管理，培育发展海外经营社会网络，提高海外经营组织合法性。具体对策建议有以下五个方面：

一　把握东道国制度文化环境，响应利益相关者诉求

中国企业要构建和运用海外经营社会网络，提高获取组织合法性的能力，首要问题是了解东道国的制度文化环境，弄清楚当地政府、媒体、社会公众、客户等中国企业海外经营利益相关者的价值取向和需求偏好。

第一，回应利益相关者需求。中国企业海外经营，作为一个新进入者，要沿着东道国社会制度环境及其规范标准，了解东道国利益相关者对"一个新进入者"关注的问题，发现利益相关者对中国企业有怎样的期待和行为，做好组织合法性获取战略，积极回应东道国利益相关者利益诉求。

第二，构架与利益相关者沟通的渠道。中国企业海外经营要针对不同利益相关者，多渠道、多层次构架与利益相关者沟通的渠道和平台。通过信息发布、社区交流、社会合作等方式，让利益相关者了解中国企业情况，打消利益相关者疑虑，培育利益相关者对中国企业的友好态度。

第三，选择恰当的方式表达中国企业组织合法性。Ashforth 和 Gibbs

(1990)① 研究发现，组织合法化行动如果使用不当，最终可能适得其反。因此，需要针对特定利益相关者，分析其最看重的组织合法性及其具体体现。② 另外，在不同情况和时段，利益相关者会有不同价值观和期望。因此，中国企业应加强与利益相关者的沟通，了解利益相关者价值、态度的动态变化和习惯沟通方式，实施有针对性的组织合法化策略，选择恰当的表达方式和内容，清楚地表达中国企业的组织合法性，争取利益相关者的接受和认可。

第四，针对不同国家和地区，实施不同的组织合法性战略。中国企业海外经营，应针对不同国家和地区，实施不同的组织合法性战略，选择能够适应该国家和地区的实用合法性、道德合法性、认知合法性管理策略。简单地说，就是要入乡随俗。

二　加强海外社会网络战略管理，密切利益相关者关系

海外经营社会网络是中国企业获取和运用组织合法性的重要平台。中国企业进入一个新的国际市场，首先要加强海外社会网络战略管理，利用企业家网络和华人网络这两个原型网络，架构与东道国利益相关者的联系，密切与东道国利益相关者的关系。重点是要密切与当地政府、媒体、居民、企业、社区的关系，快速融入东道国社会网络。

第一，与当地政府建立良好的关系。中国企业需要准备和提供有说服力的信息及数据，显示它进入当地市场后能够直接为当地带来的利益，如增加政府税收、提高就业、提升城市形象、带来其他商机，等等。中国企业要充分利用这些信息来约见、游说政府和其他有影响力的机构，保持经常性联系，充分利用当地政府资源为自己开展业务服务。

第二，与当地媒体建立良好个人关系。中国企业要积极地与当地媒体沟通，充分利用当地媒体的宣传作用，宣传企业形象和品牌，具体措施包括：在当地有影响力的报纸和杂志上刊登广告；针对某一具体事件，召开新闻发布会，让东道国利益相关者及时知晓事件的具体进展；对媒体和政府监管部门的询问做出积极的反应，与他们开诚布公地交流。

第三，遵从当地文化习惯。多吸收本土人才，架构中国企业与当地人

① Ashforth, B. E. and Barrie W. Gibbs, "The Double – Edge of Organizational Legitimation" [J]. *Organization Science*, 1990, 1 (2): 177 – 194.

② Derick W. Brinkerhoff, "Organizational Legitimacy, Capacity, and Capacity Development" [D]. European Centre for Development Policy Management March 2005.

交流的桥梁，尽快了解学习当地的文化习惯和价值规范，消除海外经营带来的文化多元性、地域多样性的环境负担。

第四，努力融入当地经济和社会生活。中国企业海外经营，要以协作的态度对待客户、供应商、居民以及竞争对手，乐于承担社会责任。企业要适当地对社区开放，让公众了解企业发展情况。建立相关网站和编制企业宣传手册，拓展公众了解企业信息的渠道，有效地解答当地消费者和居民关心的问题。

三　有效运用海外社会网络资源，发挥组织合法性效应

嵌入和建构海外社会网络，是中国企业实施组织合法性战略的第一步。有效运用海外社会网络资源，提高中国企业的海外经营认知水平、关系能力，提高实用合法性、道德合法性和认识合法性水平，最大限度地发挥组织合法性的海外经营效应，争取东道国支持，是中国企业海外经营组织合法性管理的目标。

第一，加大海外社会网络经营管理资源投入。中国企业海外经营过程中，没有重视海外社会网络的战略管理，没有把海外社会网络看作一种资源进行投资，而是看作一种不得已而支付的负担，结果影响了中国企业对海外社会网络资源的运用。以中海油对优尼科的收购为例，中海油在三个月收购过程中仅花费了约 300 万美元的公关费用。而 20 世纪 90 年代初期日本企业收购美国公司时，一年的公关费就达 9000 多万美元（陈明哲，2006）。① 显然，与西方国家企业海外经营相比，对东道国及公众的公关投入，中国企业存在很大差距。因此，中国企业海外经营，应该将构建和运用海外社会网络，看作一项可以获取很大收益的投资。应该加大资金和人才投入力度，积极运用海外社会网络资源，获取组织合法性，提高海外经营绩效。

第二，成立专门机构负责运用海外社会网络资源。海外市场发展好的跨国企业，如美国、日本、韩国等国家的跨国公司，都在东道国主要城市设立各种形式的机构，经营和运用海外社会网络资源。中国企业海外经营，也应该成立专门机构和团队，聘请当地知名人士为团队成员或顾问，负责构建和运用海外社会网络资源，处理与当地政府和媒体的关系，做好在相关问题上的咨询和疏通，提高运用海外社会网络资源和获取组织合法

---

① 陈明哲：《号脉中国企业国际化》，《英才》2006 年第 11 期。

性的能力。

第三，增强中国企业海外经营危机管理能力。化解企业海外经营不可预见的危机，是企业加强组织合法性管理的重要内容。中国企业应制订各种危机预案，提前指派危机出现时的具体负责人，预先规划危机发生时企业的相应对策和各部门所负的责任。如果企业在海外发生公共关系问题或危机，要及时实施危机管理措施。一是尽可能做到认真对待，诚心诚意。企业在承认所犯过失时，要表现得谦虚并承诺改进，要通过自己的言行表现出诚意和公信力。二是由企业高层领导者或公关部门统一做出解释，做到所有的信息来自同一个途径。

四　选择合适模式进入市场，发挥组织合法性获取调节作用

在企业海外经营的进入模式理论中，合资模式是跨国公司在海外经营初期规避东道国市场政治风险、经济风险和经营风险的主导模式。中国企业海外经营，应优先选择中外合资模式进入国际市场。合资模式对中国企业海外经营获取组织合法性和提高海外经营绩效的主要作用有以下三个方面：

第一，合资模式有利于中国企业学到合资伙伴的专有技术和专有管理诀窍，提高技术研发能力和管理能力。

第二，合资模式有利于中国企业通过合资伙伴获得有关东道国竞争状况、文化、语言、政治体制和经营体制等知识，使中国企业更容易推出适合顾客的产品或服务，使中国企业的经营管理行为符合当地的法律法规与文化。

第三，合资模式有利于中国企业较快渗透到当地社会网络中，并有效地影响东道国重要的社会网络成员，改变社会网络成员对中国企业的不良观念。这些都有助于中国企业在国际市场获得组织合法性，提高海外经营绩效。

五　权变选择有效的环境战略，获取组织合法性

组织合法性是环境要素的函数，而海外经营环境是动态变化的。因此，中国企业获取组织合法性需要一定的策略或技巧。应该根据不同环境，选择不同的组织合法性战略，并根据环境动态变化进行战略调整。另外，中国企业获取组织合法性战略还需要与自己所处行业、资源和能力等内部条件相匹配，避免成本过高问题。中国企业为了获取组织合法性，可能出现强化合法性管理，组织合法性获取方法不恰当，成本过高，反而会影响海外经营绩效。因此，总体上看，中国企业海外经营，既要开展环境战略获取组织合法性，同时要权变选择与自己内部条件相匹配的环境战略，低成本获取组织合法性。

第一，通过适应环境战略获得组织合法性。企业取得组织合法性途径有多种。适应环境是其中对环境改变最小，同时也是最容易实施的一种组织合法性获取战略。组织合法性的适应战略是将组织定位于现存制度框架内，通过对组织自身的调整来获得与制度的一致性。组织合法性是可以学习和复制的（Palazzo，Scherer，2006）。[1] 中国企业可以通过学习和复制，适应东道国的制度环境，获取组织合法性。中国企业适应东道国制度环境，要做好以下工作：①满足不同利益相关者的需求和利益（如对客户的偏好给予积极回应），为利益相关者提供参与企业经营管理决策的机会；②采纳东道国社会认可的组织结构、营销程序、人事制度，从而策略性地控制利益相关者的感知；③进行形象管理，设计符合东道国利益相关者偏好的形象；④当外部需求发生变化时，及时改变经营管理行为。

通过建立和有效管理社会网络也是获取组织合法的重要途径。中国企业在海外经营中可通过获得国际社会的各种专业认证或标准来获取组织合法性，如 ISO9000 质量体系认证、ISO14000 环境管理系列标准等。这些专业标准能减少东道国利益相关者对企业产品安全、质量等问题的质疑。中国企业也可以与其他行业进行协商，通过创造新的商标、广告语等方式提高组织合法性。

另外，中国企业可通过认同和内化社会规范，实现对利益相关者的文化嵌入，获得认知合法性。社会规范是被社会绝大多数人认同和作为行为准则的基本共识，也是社会成员在重复交往过程中自发形成的、相对稳定性的"联合行动"方式。其本质是处理个人之间或组织之间关系的界面规则和协调机制（陈学光、徐金发，2006）。认同和内化社会规范，就是企业为了与利益相关者群体建立或维系一种令人满意的关系，而在思想上接受与其相关的社会性规范，并将这些社会规范转化为企业内部员工的行为，从而在思想和行动上克服社会化过度、纠正社会要素错位的结构嵌入

---

① Guido Palazzo, Andreas Georg Scherer, "Corporate Legitimacy as Deliberation: A Political Framework" [D]. Paper Presented at the 2006 AoM Conference, Atlanta.

和文化嵌入的过程（李怀斌，2008）。①

第二，通过选择环境战略获得组织合法性。选择环境，是指企业选择能够接受自己或者适合自己发展的环境。企业选择环境，可以在自己不需要做较多改变的情况下，就能获取组织合法性。企业选择环境，在一定程度上意味着主动遵从和适应环境。中国企业开展海外经营活动，经常会遇到各个国家或地区的制度规范不同，各类消费者的价值观和消费观念不同，甚至相互冲突的情形。从理论上说，环境越是互相冲突或模糊，中国企业进行战略选择的机会就越大。因此，中国企业可以选择最有利于其取得组织合法性的国家或地区，选择最有利于其取得组织合法性的消费者群体来开展生产经营活动。从实用合法性来看，中国企业需要进行国际市场的调查研究，识别和吸引那些偏好企业提供的交易方式和营销方式的消费者（Ashforth and Gibbs，1990）。由于道德合法性可以反映更具普遍性的文化观念，因此，中国企业在选择其道德标准时比选择交易伙伴将会受到更多的限制。中国企业可在社会责任、产品的可靠性、响应能力等多种道德标准中进行选择。相对而言，中国企业选择认知环境的机会要少一些。

第三，通过控制环境战略获得组织合法性。与适应环境和选择环境相比，控制环境是一种更为主动的战略。控制环境是指组织通过自己的行为来改变环境，以实现组织与其所处环境的一致性。中国企业在海外经营时，应主动传播有利于本企业获得组织合法性的新观点和新理念，通过公关、游说等活动控制、影响、改变东道国的各种制度法规、规范和价值观。

在三种组织合法性中，实用合法性最容易控制。中国企业在海外经营时，既可以通过产品广告的形式来改变消费者对其产品的看法，也可以通过使用战略性沟通来突出拥护者的影响力。在中国企业的海外经营中，改变道德合法性的有效方式是经过长期的经验积累，获得技术成功的记录，或者与其他中国企业一起宣传和引导东道国各利益相关者接受一种道德观念。中国企业可通过内部化和参与，让外部关键利益相关者嵌入企业，以弥补在东道国面临的社会要素的缺失。内部化是指企业把外部关键利益相关者这种人格化社会要素，半结合地导入到组织内部的关系嵌入方式和弥

① 李怀斌：《经济组织的社会嵌入与社会形塑——企业社会嵌入及其对企业范式形成的自组织机制》，《中国工业经济》2008年第7期。

补社会化不足的过程。这种内部化嵌入实现的标志，是外部关键利益相关者承担或履行了企业的某种功能，而无论其是否胜任或完成它。企业通过有意识地把外部利益相关者关系半结合到企业内部，不仅能够获取这个利益相关者的直接回报，还可以间接地支配其拥有的社会关系等社会资源（朱广林，2003）。参与是让外部关键利益相关者嵌入企业的另外一种方式，其手段是提供"用户创新工具箱"（User Innovation Toolkits）。这种工具箱包含众多的通用模块，能够给用户参与提供适当的"解决空间"，而且界面友好、允许用户通过"试错"进行学习，可以保证用户参与设计的产品和服务的生产可行性（Hippel，2001；童韵，2005）。通过这个工具箱，使用户实际上承担了企业产品的设计和开发职能。所以，用户通过工具箱参与企业也是内部化的一种表现。企业可以通过设计、提供并让用户利用这种"用户创新工具箱"来实现用户对企业的嵌入（李怀斌，2004）。

当环境控制的中心由道德合法性转向认知合法性时，对共同行动的需求变得更加明显。中国企业可通过解释新的文化观念来促成东道国利益相关者的认知。

第四，通过创造环境战略获得组织合法性。在很多时候，企业可能根本无法选择环境，或者选择的余地非常小。此时，企业就需要采取主动行为，通过创造新的环境来满足海外经营的需要。为了减少现有制度对环境的抵触，创造环境的较好方式是在承认、尊重现有社会结构的前提下，在现有的制度环境中加入一些新元素，并且保证这些新的元素不会和原来的制度环境发生冲突。中国企业在海外经营中，通过创造环境来获取组织合法性的难度较大。少数海外经营经验较为丰富的企业，可以尝试通过影响东道国顾客来获得组织合法性。

附录1　初始问卷

《企业海外经营的组织合法性研究——基于社会网络的视角》问卷

尊敬的先生/女士：

您好！

这是一份来自南开大学的纯学术性问卷，主要目的是了解中国企业在海外市场的社会网络与海外市场认可、海外经营绩效之间的关系。烦请您在百忙之中抽空完成。您的意见并无对错之分，仅供我们学术研究之用，我们保证不向任何第三方公布，敬请放心！

衷心感谢您的支持，在此致以诚挚的谢意，并祝工作顺利，心想事成！

通信地址：天津市南开大学项目管理研究中心　　　　邮编：300071

联系人：游锡火　　　　　　　　　E-mail：you069@sina.com

手机：13901211520

如果您对研究结论感兴趣，请留下您的联系方式：

企业名称：_____　　通信地址：_____

邮编：_____　收件人姓名：_____　或者：E-mail_____

第一部分　贵公司的社会网络

贵公司在国际市场的经营过程中经常要接触一些社会网络成员，这些人员包括（但不限于）贵公司或贵公司员工在国外的亲戚、华人圈子里的同胞、外国朋友、业务往来人员（如政府官员、新闻媒体、律师、咨询顾问、客户、供应商、经销商等）。下面每一项都是关于贵公司和他们交往情况的有关描述，请根据您的判断，在对应空格中画钩（√）。

相关陈述	完全反对	部分反对	中间立场	部分同意	完全同意
A1 我们和他们中大多数人关系非常亲近					
A2 我们和他们中大多数人能和睦相处					
A3 我们把他们中大部人当朋友					
B1 他们中大多数人有着广泛的社会关系					
B2 他们中大多数人受到当地人的敬重和认可					
B3 他们中大多数人的行为和观点会对当地人产生很大影响					
B4 他们中大多数人在各自工作单位任要职					
B5 他们中大多数人属于高收入阶层					
C1 我们相信他们提供的信息和建议					
C2 他们是诚实和值得信赖的					
C3 我们指望从他们那里获得帮助					
C4 他们对我们非常坦率					
D1 我们公司的高层管理者在当地华人圈子中关系很广					
D2 我们公司的高层管理者经常参加当地政府或协会举办的各种活动					
D3 我们公司的高层管理者在当地工作过					
D4 我们公司在当地的社会声望较高					

第二部分　贵公司的关系能力

请对贵公司的关系能力进行判断，并在对应空格中画钩（√）。

相关陈述	完全反对	部分反对	中间立场	部分同意	完全同意
E1 我们可以灵活地处理与社会网络成员的关系					
E2 我们会分析谁是最重要的社会网络成员					
E3 我们会通过各种方式收集外界对我们的看法和意见					
E4 我们能建设性地解决与社会网络成员之间的问题					
E5 与社会网络成员发生冲突时，我们能够达成一个双方都能接受的方案					
E6 我们可以使自己站在社会网络成员的立场					

续表

相关陈述	完全反对	部分反对	中间立场	部分同意	完全同意
E7 我们提醒自己注意社会网络成员的需求、偏好、特征					
E8 我们经常评价与社会网络成员的关系状况					
E9 我们能与社会网络成员建立良好的私人关系					
E10 我们对社会网络成员所做的一切从不感到吃惊					
F1 我们会指定协调者负责协调我们与社会网络成员的关系					
F2 我们将资源使用（如人力资源、财务资源等）与相应的个人关系匹配起来					
F3 我们明确规定了与社会网络成员的沟通方式和工作程序					
F4 我们对重要的社会关系都有一个具体目标和计划					

第三部分　贵公司的海外经营认知

请对贵公司的海外经营认知进行判断，并在对应空格中画钩（√）。

相关陈述	完全反对	部分反对	中间立场	部分同意	完全同意
G1 我们非常了解海外法律和政策					
G2 我们与东道国政府机构有着良好的关系					
G3 我们非常了解海外竞争对手与竞争态势					
G4 我们非常了解海外客户的需求					
G5 我们非常了解海外市场的分销商					
G6 我们清楚地知道如何在海外市场进行有效营销					
H1 我们非常清楚中国与西方的意识形态差异					
H2 意识形态会对人们的行为产生很大的影响					

第四部分　贵公司的组织合法性

请对贵公司的组织合法性进行判断，并在对应空格中画钩（√）。

相关陈述	完全反对	部分反对	中间立场	部分同意	完全同意
I1 我们与顾客间的交换是合理的、公平的					
I2 我们会让顾客参与到产品生产和服务提供中去					
I3 我们在产品生产和服务提供中会认真听取顾客的意见					
J1 我们提供的产品和服务是受人欢迎的					
J2 我们提供产品和服务的过程是适当的					
J3 我们生产产品和提供服务的技术是合适的					
J4 我们的机构设置是可以理解的、适当的					
J5 我们的领导和员工具有吸引力					
K1 我们已经成为当地社会生活中不可或缺的一部分					
K2 在当地人看来,我们的存在是理所当然的,是完全可以理解的					
K3 当地人都接受我们					

第五部分　贵公司的海外经营绩效

与您预期或战略计划相比,您对贵公司过去三年来的下列绩效指标满意程度如何。

相关陈述	非常不满	有些不满	还可以	有些满意	非常满意
L1 市场份额					
L2 销售增长率					
L3 税前收益率					
L4 投资回报率					

第六部分　基本信息

1. 贵公司总部的海外销售占总销售的比例为 (　　　)

A. 10% 以下　　　　　　　　B. 10%—30%

C. 30%—50%　　　　　　　　D. 50%—80%

E. 80% 以上

2. 贵公司总部在多少个国家设有分公司、子公司 (　　　)

A. 1—3 个国家   B. 4—6 个国家

C. 7—9 个国家   D. 9—11 个国家

E. 更多（请填写）

3. 贵公司（不是贵公司总部）所在行业是（   ）

A. 制造业   B. 信息产业   C. 金融业   D. 流通业

E. 医药   F. 化工   G. 采掘   H. 咨询

I. 其他（请填写）

4. 贵公司资产总额约为（   ），年销售收入约为（   ）

A. 5 亿元以上   B. 5000 万—5 亿元

C. 5000 万元以下

5. 贵公司在海外市场经营已有多长时间？

_____年

6. 贵公司的所有权性质是（   ）

A. 国有企业   B. 民营企业   C. 中外合资企业

附录 2 正式问卷

《企业海外经营的组织合法性研究——基于社会网络的视角》问卷

尊敬的先生/女士：

您好！

这是一份来自南开大学的纯学术性问卷，主要目的是了解中国企业在海外市场的社会网络与海外市场认可、海外经营绩效之间的关系。烦请您在百忙之中抽空完成。您的意见并无对错之分，仅供我们学术研究之用，我们保证不向任何第三方公布，敬请放心！

衷心感谢您的支持，在此致以诚挚的谢意，并祝工作顺利，心想事成！

通信地址：天津市南开大学项目管理研究中心　　　邮编：300071

联系人：游锡火　　　　　　　　　　E-mail：you069@ sina. com

手机：13901211520

如果您对研究结论感兴趣，请留下您的联系方式：

企业名称：＿＿＿＿＿＿＿＿　通信地址：＿＿＿＿＿＿＿＿

邮编：＿＿＿＿　收件人姓名：＿＿＿＿＿　或者：E-mail ＿＿＿＿＿

第一部分　贵公司的社会网络

贵公司在国际市场的经营过程中经常要接触一些社会网络成员，这些人员包括（但不限于）贵公司或贵公司员工在国外的亲戚、华人圈子里的同胞、外国朋友、业务往来的人员（如政府官员、新闻媒体、律师、咨询顾问、客户、供应商、经销商等）。下面每一项是关于贵公司和他们交往情况的有关描述，请根据您的判断，在对应空格中画钩（√）。

相关陈述	完全反对	部分反对	中间立场	部分同意	完全同意
A1 我们和他们中大多数人关系非常亲近					
A2 我们和他们中大多数人能和睦相处					
A3 我们把他们中大部分人当朋友					
B1 他们中大多数人有着丰富的社会关系					
B2 他们中大多数人受到当地人的敬重和认可					
B3 他们中大多数人的行为和观点会对当地人产生很大影响					
B4 他们中大多数人在各自工作单位任要职					
B5 他们中大多数人属于高收入阶层					
C1 我们相信他们提供的信息和建议					
C2 他们是诚实和值得信赖的					
C3 我们指望从他们那里获得帮助					
C4 他们对我们非常坦率					
D1 我们公司的高层管理者在当地华人圈子中关系很广					
D2 我们公司的高层管理者经常参加当地政府或协会举办的各种活动					
D3 我们公司的高层管理者在当地工作过					
D4 我们公司在当地的社会声望较高					

第二部分　贵公司的关系能力

请对贵公司的关系能力进行判断，并在对应空格中画钩（√）。

相关陈述	完全反对	部分反对	中间立场	部分同意	完全同意
E1 我们会分析谁是最重要的社会网络成员					
E2 我们会通过各种方式收集外界对我们的看法和意见					
E3 我们能建设性地解决与社会网络成员之间的问题					
E4 与社会网络成员发生冲突时，我们能够达成一个双方都能接受的方案					
E5 我们可以使自己站在社会网络成员的立场					
E6 我们提醒自己注意社会网络成员的需求、偏好、特征					

相关陈述	完全反对	部分反对	中间立场	部分同意	完全同意
E7 我们经常评价与社会网络成员的关系状况					
F1 我们会指定协调者负责协调我们与社会网络成员的关系					
F2 我们将资源使用（如人力资源、财务资源等）与相应的个人关系匹配起来					
F3 我们明确规定了与社会网络成员的沟通方式和工作程序					
F4 我们对重要的社会关系都有一个具体目标和计划					

第三部分　贵公司的海外经营认知

请对贵公司的海外经营认知进行判断，并在对应空格中画钩（√）。

相关陈述	完全反对	部分反对	中间立场	部分同意	完全同意
G1 我们非常了解海外法律和政策					
G2 我们与东道国政府机构有着良好的关系					
G3 我们非常了解海外竞争对手与竞争态势					
G4 我们非常了解海外客户的需求					
G5 我们非常了解海外市场的分销商					
G6 我们清楚地知道如何在海外市场进行有效营销					
H1 我们非常清楚中国与西方的意识形态差异					
H2 意识形态会对人们的行为产生很大的影响					

第四部分　贵公司的组织合法性

请对贵公司的组织合法性进行判断，并在对应空格中画钩（√）。

相关陈述	完全反对	部分反对	中间立场	部分同意	完全同意
I1 我们与顾客间的交换是合理的、公平的					
I2 我们会让顾客参与到产品生产和服务提供中去					

续表

相关陈述	完全反对	部分反对	中间立场	部分同意	完全同意
I3 我们在产品生产和服务提供中会认真听取顾客的意见					
J1 我们提供的产品和服务是受人欢迎的					
J2 我们提供产品和服务的过程是适当的					
J3 我们生产产品和提供服务的技术是合适的					
K1 我们已经成为当地社会生活中不可或缺的一部分					
K2 在当地人看来，我们的存在是理所当然的，是完全可以理解的					
K3 当地人都接受我们					

第五部分　贵公司的海外经营绩效

与您预期或战略计划相比，您对贵公司过去三年来的下列绩效指标满意程度如何。

相关陈述	非常不满	有些不满	还可以	有些满意	非常满意
L1 市场份额					
L2 销售增长率					
L3 税前收益率					
L4 投资回报率					

第六部分　基本信息

1. 贵公司总部的海外销售占总销售的比例为（　　　）

A. 10%以下　　　　　　　　B. 10%—30%

C. 30%—50%　　　　　　　 D. 50%—80%

E. 80%以上

2. 贵公司总部在多少个国家设有分公司、子公司（　　　）

A. 1—3 个国家　　　　　　 B. 4—6 个国家

C. 7—9 个国家　　　　　　 D. 9—11 个国家

E. 更多　　　（请填写）

3. 贵公司（不是贵公司总部）所在行业是（　　　）

A. 制造业　　　　B. 信息产业　　　C. 金融业　　　　D. 流通业

E. 医药　　　　　F. 化工　　　　　G. 采掘　　　　　H. 咨询

I. 其他　　　　　（请填写）

4. 贵公司资产总额约为（　　　），年销售收入约为（　　　）

A. 5 亿元以上　　　　　　　　　B. 5000 万—5 亿元

C. 5000 万元以下

5. 贵公司在海外市场经营已有多长时间？

＿＿＿＿＿＿年

6. 贵公司的所有权性质是（　　　）

A. 国有企业　　　B. 民营企业　　　C. 中外合资企业

参考文献

［1］阿兰·斯密德：《制度与行为经济学》，刘璨、吴水荣译，中国人民大学出版社 2004 年版。

［2］边燕杰、丘海雄：《企业的社会资本及其功效》，《中国社会科学》2000 年第 2 期。

［3］曹子玮：《农民工的再建构社会网与网内资源流向》，《社会学研究》2003 年第 3 期。

［4］从聪、徐枞巍：《基于知识的跨国公司治理模式》，《科学学研究》2011 年第 2 期。

［5］陈扬、张骁：《企业家特征、企业家网络与中小企业国际化》，《经济管理》2006 年第 23 期。

［6］陈戈、储小平：《家族企业成长过程中差序信任结构的动态演变》，2007 年中国制度经济学年会论文。

［7］陈树槐：《跨国公司子公司的战略角色与网络嵌入研究》，《湖北社会科学》2006 年第 6 期。

［8］陈学光、徐金发：《基于企业网络能力的创新网络研究》，《技术经济》2007 年第 3 期。

［9］戴永红、秦永红：《印度软件企业国际化成功的社会文化因素》，《南亚研究季刊》2008 年第 2 期。

［10］杜运周等：《新进入缺陷、合法性战略与新企业成长》，《管理评论》2009 年第 8 期。

［11］范黎波等：《跨国公司在华战略演进分析》，《财经问题研究》2010 年第 4 期。

［12］关涛、薛求知：《基于知识嵌入性的跨国公司知识转移研究》，《科学学研究》2009 年第 1 期。

［13］郭毅、罗家德：《社会资本和管理学》，华东理工大学出版社 2007

年版。

[14] 郭毅、李芳容：《创业者何以成功：基于社会网合法性机制的考察》，《第 17 届中国社会学年会（2007 年）社会网理论与方法论坛论文集》。

[15] 郭毅、於国强：《寻求企业持续竞争优势的源泉——组织场域观下的战略决策分析》，《管理学报》2005 年第 11 期。

[16] 何晓群：《多元统计分析》，中国人民大学出版社 2004 年版。

[17] 何亚琼、葛中锋、苏竣：《区域创新网络中组织间学习机制研究》，《学术交流》2006 年第 2 期。

[18] 侯仕军：《海外子公司定位、协调与控制研究》，博士学位论文，复旦大学，2005 年。

[19] 黄中伟、王宇露：《关于经济行为的社会嵌入性理论述评》，《外国经济与管理》2007 年第 12 期。

[20] 费孝通：《乡土中国》，江苏文艺出版社 2007 年版。

[21] 贾根良：《超越市场与企业两分法》，《经济体制比较》1998 年第 4 期。

[22] 刘军：《社会网络分析导论》，社会科学文献出版社 2004 年版。

[23] 刘东：《回应企业网络对经济学的挑战》，《南京社会科学》2003 年第 1 期。

[24] 李怀斌：《企业的适度社会嵌入与组织范式形成》，《第二届社会网与关系管理研讨会论文集》，2006 年。

[25] 李怀斌：《经济组织的社会嵌入与社会形塑——企业社会嵌入及其对企业范式形成的自组织机制》，《中国工业经济》2008 年第 7 期。

[26] 李新春、陈灿：《家族企业的关系治理：一个探索性研究》，《中山大学学报》2005 年第 6 期。

[27] 李珮璘：《新兴经济体跨国公司与传统跨国公司的比较研究》，《世界经济研究》2010 年第 5 期。

[28] 罗珉、徐宏玲：《组织间关系：价值界面与关系租金的获取》，《中国工业经济》2007 年第 1 期。

[29] 罗家德：《社会网分析讲义》，社会科学文献出版社 2004 年版。

[30] 罗家德：《关系管理刍议——关系管理研究的回顾与展望》，《关系管理研究》创刊号发刊特稿，2005 年。

[31] 闵成基等：《权力依附关系和关系嵌入对知识流入的影响》，《科学学研究》2010 年第 3 期。

[32] 马刚：《基于战略网络视角的产业区企业竞争优势实证研究》，博士学位论文，浙江大学，2005 年。

[33] 秦剑等：《跨国公司在华溢出效应的驱动因素研究——知识基础观与嵌入理论的双重视角》，《科学学与科学技术管理》2010 年第 10 期。

[34] 任晓：《温州民营企业的国际化：一个观察样本》，《浙江经济》2006 年第 6 期。

[35] 石秀印：《中国企业家成功的社会网络基础》，《管理世界》1999 年第 6 期。

[36] 石军伟：《企业社会资本的功效结构：基于中国上市公司的实证研究》，《中国工业经济》2007 年第 2 期。

[37] 宋雅杰：《从新经济社会学社会网络视角看跨国公司社会责任》，《云南财经大学学报》2005 年第 5 期。

[38] 田茂利等：《论创业企业合法性及其印象管理策略》，《企业经济》2009 年第 1 期。

[39] 田志龙、高海涛：《中国企业的非市场战略：追求合法性》，《软科学》2005 年第 6 期。

[40] 汪云林、韩伟一：《社会网络声望模型的分析与改进》，《系统工程》2006 年第 11 期。

[41] 王国顺、郑准：《企业国际化的基本问题：理论演进视角》，《中南大学学报》（社会科学版）2008 年第 2 期。

[42] 王宇露：《海外子公司的网络学习：经济社会学视角》，上海财经大学出版社 2009 年版。

[43] 王宇露：《东道国网络结构、位置嵌入与海外子公司网络学习》，《世界经济研究》2010 年第 1 期。

[44] 王进猛、沈志渔：《跨国公司投资市场导向与绩效关系实证研究》，《中国工业经济》2011 年第 2 期。

[45] 许辉、邹慧敏：《企业的国际化感知风险对国际化绩效影响研究》，《管理科学》2010 年第 4 期。

[46] 薛求知：《朱吉庆国际创业研究述评》，《外国经济与管理》2006 年

第 7 期。

［47］薛求知、阎海峰：《跨国公司全球学习——新角度审视跨国公司》，《南开管理评论》2001 年第 2 期。

［48］薛求知、刘子馨主编：《国际商务管理》，复旦大学出版社 2007 年版。

［49］［日］野中郁次郎、竹内弘高：《创造知识的企业：日美企业持续创新的动力》，李萌、高飞译，知识产权出版社 2006 年版。

［50］叶庆祥：《跨国公司本地嵌入过程机制研究》，博士学位论文，浙江大学，2006 年。

［51］叶广宇等：《资源、成长性与中国跨国公司海外非市场战略》，《管理学报》2011 年第 3 期。

［52］甄林萍、陈继明：《企业家网络与中小企业国际化发展的案例研究》，《财经界》2009 年第 4 期。

［53］周雪光：《组织社会学十讲》，社会科学文献出版社 2003 年版。

［54］张玉利、杜国臣：《创业的合法性悖论》，《中国软科学》2007 年第 7 期。

［55］张维安：《社会镶嵌与本土化研究——以关系网络与经济活动研究为例》，（台北）《教育与社会研究》2001 年第 6 期。

［56］晁罡、袁品、段文、程宇宏：《企业领导者的社会责任取向、企业社会表现和组织绩效的关系研究》，《管理学报》2008 年第 5 期。

［57］张其仔：《新经济社会学》，中国社会科学出版社 2001 年版。

［58］郑子云、司徒永富：《企业风险管理》，商务印书馆 2002 年版。

［59］Aino Halinen and Jan – Ake Tornroos, "The Role of Embeddedness in the Evolution of Business Networks" ［J］. *Scandinavian Journal Management*, 1998, 14（3）：187 – 205.

［60］Aldrich, H. E., C. M. Fiol, "Fools Rush In The Institutional Context of Industry Creation" ［J］. *Academy of Management Review*, 1994, 19（4）：545 – 670.

［61］Antonio Capaldo, "Network Structure and Innovation：The Leveraging of a Dual Network as a Distinctive Relational Capability" ［J］. *Strategic Management Journal*, 2007, 28：585 – 608.

［62］Andersson, "Some Notes on Subsidiary Network Embeddedness and Its

Effects on the Multinational Corporation" [R] . *Working Papers*, 1999.

[63] Andersson, Forsgren and Holm, "Subsidiary Embeddedness and Competence Development in MNCs—A Multi-level Analysis [J] . *Organization Studies*, 2001, 22 (6): 1013 – 1034.

[64] Andersson, U. and Mats Forsgren, "Subsidiary Embeddedness and Control in the Multinational Corporation" [J] . *International Business Review*, 1996 (5): 487 – 508.

[65] Andersson, U. et al. , "The Strategic Impact of External Networks: Subsidiary Performance and Competence Development in the Multinational Corporation" [J] . *Strategic Management Journal*, 2002, 23 (11): 979 – 996.

[66] Andrea Larson, "Network Dyads in Entrepreneurial Settings: A Study of the Governance of Exchange Relationships" [J] . *Administrative Science Quarterly*, 1992, 37: 76 – 104.

[67] Antonio Capaldo, "Network Structure and Innovation: The Leveraging of a Dual Network as a Distinctive Relational Capability" [J] . *Strategic Management Journal*, 2007, 28: 585 – 608.

[68] Bansal, P. and Clelland, I. , "Talking Trash: Legitimacy, Impression Management, and Unsystematic Risk in the Context of the Natural Environment" [J] . *Academy of Management Journal*, 2004, 47 (1): 93 – 103.

[69] Bartlett, Ghoshal, *Managing Across Borders: The Transnational Solution* [M] . Boston: Harvard Business School Press, MA, 1989.

[70] Bartlett, J. E. , Kotrlik, J. W. and Higgins, C. C. , "Organizational Research, Determine Appropriate Sample Size in Survey Research" [J] . *Information Technology, Learning and Performance Journal*, Spring, 2001: 43 – 50.

[71] Batt, "Purchase, Managing Collaboration within Networks and Relationships" [J] . *Industrial Marketing Management*, 2004, 33: 169 – 174.

[72] Bengt Johannisson and Marcela Ramirez Pasillas, "The Institutional Embeddedness of Local Inter – firm Networks: A Leverage for Business Creation" [J] . *Entrepreneurship & Regional Development*, 2002, 14: 297 – 315.

［73］ Birkinshaw, J. M. and Hood, N. , "Multinational Subsidiary Evolution: Capability and Charter Change in Foreign Owned Subsidiary Companies ［J］. *Academy of Management Review*, 1998, 23 (4): 773 – 795.

［74］ Birkinshaw and Morrison, "Configurations of Strategy and Structure in Subsidiaries of Mulitinational Corporation" ［J］. *Journal of International Business Studies*, 1995, 26 (4): 729 – 753.

［75］ Borch, O. J. , "The Process of Relational Contracting: Developing Trust – based Strategic Alliances among Small Business Enterprise", in *Strategic Management* 10*B*, Interorganizational Relations and Interorganizational Strtegies, Paui Shrivastava, Anne S. Huff and Jane.

［76］ Borgatti, Foster, "The Network Paradigm in Organizational Research" ［J］. *Journal of Management*, 2003, 29 (6): 991 – 1013.

［77］ Brian Uzzi, "Social Structure and Competition in Interfirm Networks: The Paradox of Embeddedness" ［J］. *Administrative Science Quarterly*, 1997, 42 (1): 35 – 67.

［78］ Brian Uzzi, "Embeddedness in the Maing of Financial Capital: How Social Relations and Networks Between Firms Seeking Financing" ［J］. *American Sociological Review*, 1999, 64 (8): 481 – 505.

［79］ Brouthers, K. D. , Brouthers, L. E. and Werner, S. , Industrial Sector Perceived Environmental Uncertainty and Entry Mode Strategy ［J］. *Journal of Business Research*, 2002, 55 (6): 495 – 507.

［80］ Cabrera, A. and Cabrera, E. F. , Knowledge – Sharing Dilemmas ［J］. *Organizational Studies*, 2002, 23: 687 – 710.

［81］ Carabajal, K. , La Pointe, D. and Gunawardena, C. N. , "Group Development in Online Learning Communities" ［A］. In Moore & W. G. Anderson (eds.), *Handbook of Distance Education* ［C］. Mahwah, N. J. : Lawrence Erlbaum Associates, 2003: 217 – 234.

［82］ Chow, C. W. , Deng, F. J. and Ho, J. L. , "The Openness of Knowledge Sharing within Organizations: A Comparative Study of the United States and the People's Republic of China ［J］. *Journal of Management Accounting Research*, 2000, 12: 65 – 95.

［83］ Clarksson, M. B. E. , "A Stakeholder Framework for Analyzing and Evaluating Corporate Social Performance"［J］. *Academy of Management Review*, 1995, 29 (1): 92 – 117.

［84］Coviello, N. E. and Munro, H. J., "Growing the Entrepreneurial Firm: Networking for International Market Development"［J］. *European Journal of Marketing*, 1995, 29: 49 – 61.

［85］Davenport, T. H., Prusak, L., *Working Knowledge*［M］. Boston M. A., Harvard Business School Press, 1998.

［86］Derick W. Brinkerhoff, "Organizational Legitimacy, Capacity, and Capacity Development"［C］. Public Management Research Association 8th Research Conference, University of Southern California, 2005.

［87］Deo Sharma and Anders Blomstermo, "The Internationalization Process of Born Globals: A Network view"［J］. *International Business Review*, 2003, 12: 739 – 703.

［88］Dierickx, I. and Cool, K., "Asset Stock Accumulation and Sustainability of Competitive Advantage［J］. *Management Science*, 1989, 35 (12): 1504 – 1511.

［89］DiMaggio, P. J. and Powell, W. W., "The Iron Cage Revisited: Institutional Isomorphism and Collective Rationality in Organizational Fields"［J］. *American Sociological Review*, 1983, 48: 147 – 160.

［90］Dosi, G., Nelson, R. R. and Winter, S. G. (eds.), *The Nature and Dynamics of Organizational Capabilities*［M］. Oxford University Press: New York, 2000.

［91］Dong – Joo Lee and Jae – Hyeon Ahn, "Reward Systems for Intra – organizational Knowledge Sharing"［J］. *European Journal of Operational Research*, 2007, 180: 938 – 956.

［92］Dowling, J. and Pfeffer, J., "Organizational Legitimacy: Social Values and Organizational Behavior"［J］. *Pacific Sociological Review*, 1975, 18: 122 – 136.

［93］Dyer, J. H. and H. Singh, "The Relational View: Cooperative Strategy and Sources of Interorganizational Competitive Advantage"［J］. *Academy of Management Review*, 1998, 23: 660 – 679.

［94］Dyer, Nobeoka, "Creating and Managing a High – performance Knowledge-sharing Network: The Toyota Case" [J] . *Strategic Management Journal* , 2000, 21: 345 – 367.

[95] Ellemers, N. , Wilke, H. and van Knippenberg, A. , "Effects of the Legitimacy of Low Group or Individual Status on Individual and Collective Status-enhancement Strategies [J] . *Journal of Personality and Social Psychology*, 1993, 64: 766 – 778.

[96] Ellemers, N. , Spears, R. and Doosje, B. , *Social Identity: Context, Content and Commitment* [M] . Oxford: Blackwell, 1999.

[97] Evans, J. and Mavondo, F. T. , "Psychic Distance and Organizational Performance: An Empirical Examination of International Retailing" [J] . *Journal of International Business Studies*, 2002, 33 (3): 515 – 532.

[98] Freeman, E. R. , *Strategic Management: A Stakeholder Approach* [M] . Pitman/Ballinger: Boston, M. A. , 1984.

[99] Gay, L. R. , *Educational Research: Competencies for Analysis and Application* [M] . New York: Merrill, 1992.

[100] Gianni Lorenzoni and Andrea Lipparini, "The Leveraging of Interfirm Relationships as a Distinctive Organizational Capability" [J] . *Strategic Management Journal*, 1999, 20: 317 – 338.

[101] Grandori, A. and Kogut, B. , "Dialogue on Organisation and Knowledge" [J] . *Organisation Science*, 2002, 13 (3): 224 – 231.

[102] Granovetter, M. and Swedberg, R. , *The Sociology of Economic Life* [M] . Boulder: Westview, 1992.

[103] Gulati, "Network Location and Learning: The Influence of Network Resources and Firm Capabilities an Alliance Formation [J] . *Strategic Management Journal*, 1999 (20): 397 – 420.

[104] Gupta and Govindarajan, "Knowledge Flows within Multinational Corporations" [J] . *Strategic Management Journal*, 2000, 21: 473 – 496.

[105] Hagedoorn, "Understanding the Cross – level Embeddedness of Interfirm Partnership Formation" [J] . *Academy of Management Review*, 2006, 31 (3): 670 – 690.

[106] Halinen, A. and Tornroos, J. – A. , "The Role of Embeddedness in the Evolution of Business Networks" [J] . *Scandinavian Journal of*

Management, 1998 (14): 187 – 205.

[107] Hite, Hesterly, "The Evolution of Firm Networks: From Emergence to Early Growth of the Firm [J]. *Strategic Management Journal*, 2001, 22: 275 – 286.

[108] Hooff, B. V. D. and Ridder, J. A. D., "Knowledge Sharing in Context the Influence of Organizational Commitment Communication Climate and CMC Use on Knowledge Sharing" [J]. *Journal of Knowledge Management*, 2004, 8 (6): 117 – 130.

[109] Hogg, M. A., Terry, D. J. and White, K. M., "A Tale of Two Theories: A Critical Comparison of Identity Theory with Social Identity Theory" [J]. *Social Psychology Quarterly*, 1995, 58 (4): 255 – 269.

[110] Hkansson, "No Business is an Island: The Network Concept of Business Strategy" [J]. *Scandinavian Journal of Management*, 1989, 5 (3).

[111] Hybels, R. C., "On Legitimacy, Legitimation and Organizations: A Critical Review and Integrative Theoretical Model" [J]. *Academy of Management Journal*, Special Issue: Best Papers Proceedings, 1995: 241 – 245.

[112] Ilan Talmud and Gustavo S. Mesch, "Market Embeddedness and Corporate Instability: The Ecology of Inter – industrial Networks [J]. *Social Science Research*, 2007 (26): 419 – 441.

[113] Ipe, M., "Knowledge Sharing on Organizations: A Conceptual Framework" [J]. *Human Resource Development Review*, 2008, 2 (4): 337 – 359.

[114] Jane, W. Lu, Paul, W., "Beamish, SME Intemationalization and Performance: Growth vs. Profitability" [J]. *Journal of International Enterprise*, 2006 (4): 27 – 48.

[115] Jarratt, "Conceptualizing a Relationship Management Capability" [J]. *Marketing Theory*, 2004 (4): 287 – 300.

[116] Johanson, J. and L. G. Mattsson, "International Marketing and Market Investments in Industry Networks" [J]. *International Journal of Research in Marketing*, 1985, 2 (3): 185 – 195.

[117] Joel A. Baum, Paul Ingram, "Interorganizational Learning and Network

Organization: Toward a Behavioral Theory of the Interfirm" [R] . *Working papers*, 2008.

[118] Johanson, Vahlne, "The Mechanisms of Internationalization" [J] . *International Marketing Reviews*, 1990, 7 (4): 11 –24.

[119] Johanson, Mattsson, "Interorganizational Relations in Industrial Systems: A Network Approach Compared with the Transaction – cost Approach [J] . *International Studies of Management and Organization*, 1987 (1): 34 –48.

[120] Keiichi Yamada, "Management and Stragegy of Legitimacy and Reputation: Conceptual Frameworks and Methodology" [C] . International Conference on Business and Information, 2008.

[121] Kekale, Viitala, Do Networks Learn? [J] . *Journal of Workplace Learning*, 2003, 15 (6): 245 –247.

[122] Kogut, "The Network as Knowledge: Generative Rules and the Emergence of Structure" [J] . *Strategic Management Journal*, 2000, 21: 405 –425.

[123] Kostova, T. and Zaheer, S. , "Organization Legitimacy under Conditions of Complexity: The Case of the Multinational Enterprise [J] . *Academy of Management Review*, 1999, 24: 64 –81.

[124] Lechner, Dowling, "Firm Networks: External Relationships as Sources for the Growth and Competitiveness of Entrepreneurial Firms" [J] . *Entrepreneurship & Regional Development*, 2003, 15: 1 –26.

[125] Lewicki, Roy J. and Barbara B. Bunker, "Developing and Maintaining Trust in Work Relationship", In *Trust in Organization*, Edited by Roderick M. Kramer and Tom Tyler [M] . London: Sage Publication Inc. , 1996.

[126] Linda Argote and Paul Ingram, "Knowledge Transfer: A Basis for Competitive Advantage in Firms" [J] . *Organizational Behavior and Human Decision Processes*, 2002, 82 (1): 150 –169.

[127] Lounsbury, M. and Glynn, M. A. , Cultural Entrepreneurship: Stories, Legitimacy, and the Acquisition of Resources [J] . *Strategic Management Journal*, 2001, 22 (6/7): 545 –564.

[128] Luo, X. , Griffith, D. A. , Sandra S. Liu and Yi – Zheng Shi, "The

Effects of Customer Relationships and Social Capital on Firm Perform-
ance: A Chinese Business Illustration" [J] . *Journal of International
Marketing*, 2004, 12 (4): 25 –45.

[129] Luo, Y. D. and Tung, R. L. , "International Expansion of Emerging
Market Enterprises: A Springboard Perspective" [J] . *Journal of In-
ternational Business Studies*, 2007, 38 (4): 481 –498.

[130] Manev, "The Managerial Network in a Multinational Enterprise and the
Resource Profiles of Subsidiaries" [J] . *Journal of International Man-
agement*, 2003, 9: 133 – 151.

[131] Manuel Rodriguez – Diaz, Tomas F. Espino – Rodriguez, "Developing
Relational Capabilities in Hotels" [J] . *International Journal of Con-
temporary Hospitality Management*, 2006, 18 (1): 25 –40.

[132] Matthew V. Tilling, "Refinements to Legitimacy Theory in Social and Envi-
ronmental Accounting" [R] . Commerce Research Paper Series, 2006.

[133] Michael Davern, "Social Networks and Economic Sociology: A Proposed
Research Agenda for a More Complete Social Science" [J] . *American
Journal of Economics and Sociology*, 1997, 56 (3): 287 –302.

[134] Mitchell, R. K. , Agle, B. R. and Wood, D. , Toword a Theory of
Stakeholder Identification and Salience: Defining the Principle of Who
and What Really Counts [J] . *Academy of Management Review*, 1997,
22 (4): 853 –886.

[135] Mitchell, J. Clyde, "The Concept and Use of Social Network", in *So-
cial Network in Urban Situations*, edited by J. C. Mitchell, Manchester
[M] . Eng: Manchester University Press, 1969.

[136] Nahapeit, J. and Ghoshal, S. , "Social Capital Intellectual Capital and
the Organizational Advantage" [J] . *Academy of Management Review*,
1998 (23): 242 –266.

[137] Nonaka, I. and Takenchi, H. , *The Knowledge Creating Company* [M] .
New York: Oxford University Press, 1995.

[138] O' Donovan, G. , "Environmental Disclosures in the Annual Report:
Extending the Applicability and Predictive Power of Legitimacy Theory"
[J] . *Accounting, Auditing and Accountability*, Vol. 15, No. 3, 2002,

pp. 344 – 371.

[139] Ojasalo, "Key Network Management" [J]. *Industrial Marketing Management*, 2004, 33: 195 – 205.

[140] Oliver, C., "Sustainable Competitive Advantage: Combining Institutional and Resource Based Views" [J]. *Strategic Management Journal*, 1997, 18 (9): 697 – 713.

[141] Oviatt, B. M. and McDougall, P. P., "Defining International Entrepreneurship and Modeling the Speed of Internationalization" [J]. *Entrepreneurship Theory and Practice*, 2005, 29 (5): 537 – 553.

[142] Patel, Amisha M., Xavier, Robina J. and Broom, Glen, "Toward a Model of Organizational Legitimacy in Public Relations theory and Practice [J]. *Proceedings International Communication Association Conference*, New York, USA. 2005, pp. 1 – 22.

[143] Patti Anklam, "KM and the Social Network" [J]. *KM Magazine*, 2003 (8): 24 – 28.

[144] Polanyi, M., *Personal Knowledge* [M]. Chicago: the University of Chicago Press, 1958.

[145] Polanyi, K., *The Great Rransformation: The Political and Economic Origins of Our Time* [M]. Boston, M. A.: Beacon Press, 2001.

[146] Richard Fletcher, Nigel Barrett, "Embeddedness and the Evolution of Global Networks" [J]. *Industrial Marketing Management*, 2001, 30: 561 – 573.

[147] Rutten, "Inter – firm Knowledge Creation: A Re – appreciation of Embeddedness from a Relational perspective" [R]. *Working papers*, 2007.

[148] Scott, W. R., *Institutions and Organizations* [M]. Thou Sand Oaks, CA: Sage, 1995.

[149] Shapiro, D., Sheppard, B. H. and Cheraskin, L., "Business on a Handshake" [J]. *Negotiation Journal*, 1992 (4): 365 – 377.

[150] Scott Hargreaves, "Conceptualising Legitimacy for New Venture Research" [J]. 16th Annual Conference of Small Enterprise Association of Australia and New Zealand, 28 September – 1 October 2003.

[151] Scott, W. R., "Unpacking Institutional Arguments", in W. W. Powell

& P. J. DiMaggio (Eds.), *The New Institutionalism in Organizational Analysis*, Chicago: University of Chicago Press, 1991: 164 – 182.

[152] Scott, W. R. , J. W. Meyer, "The Organization of Societal Sectors, in The New Institutionalism in Organizational Analysis [M] . W. W. Powell and P. J. DiMaggio, Editors, 1991, University of Chicago Press: Chicago, 108 – 140.

[153] Scott W. Richard, *Institutions and Organizations* [M] . California: Sage, 2001.

[154] Gabbay, eds. , *Corporate Social Capital and Liability* [M] . Norwell, MA: Kluwer Academic Publishers, 1999.

[155] Tornikoski, E. T. , Newbert, S. L. , "Exploring the Determinants of Organizational Emergence: A Legitimacy Perspective [J] . *Journal of Business Venturing*, 2007, 22: 311 – 335.

[156] Tilling, M. , "Communication at the Edge: Voluntary Social and Environmental Reporting in the Annual Report of a Legitimacy Threatened Corporation" [J] . *APIRA Conference Proceedings*, *Singapore*, July, 2004.

[157] Tsang, Nguyen, "Erramilli, Knowledge Acquisition and Performance of International Joint Ventures in the Transition Economy of Vietnam" [J] . *Journal of International Marketing*, 2004, 12 (2): 82 – 103.

[158] Tushman, M. L. and P. Anderson, Technological Discontinuities and Organizational Environments [J] . *Administrative Science Quarterly*, 1986 (31): 439 – 465.

[159] Uzzi, B. , "Social Structure and Competition in Interfirm Networks: The Paradox of Embeddedness" [J] . *Administrative Science Quarterly*, 1997, 42: 35 – 67.

[160] Weber, Y. and Schweiger, D. , "Top Management Culture Conflict in Mergers and Acquisitions: A Lesson from Anthropology" [J] . *International Journal of Conflict Management*, 1992 (4): 285 – 302.

[161] Welch, Wilkinson, "Network Perspectives on Interfirm Conflict: Reassessing a Critical Case in International and Business [J] . *Journal of Business Research*, 2005, 58: 205 – 213.

[162] Weston, J. F. , Siu, J. A. and Johnson, B. A. , *Takeovers, Restructurings and Corporate Governance* [M] . Prentice Hall, 3rd edition, 2001.

[163] Wicks, D. , "Institutionalized Mindsets of Invulnerability: Differentiated Institutional Fields and the Antecedents of Organizational Crisis" [J] . *Organization Studies*, 2007 (4): 659 – 692.

[164] Williams, "Cooperation by Design: Structure and Cooperation in Interorganizational Networks [J] . *Journal of Business Research*, 2005: 223 – 231.

[165] Yadong Luo and Seung Ho Park, "Multiparty Cooperation and Performance in International Equity Joint Ventures" [J] . *Journal of International Business Studies*, 2004, 35: 142 – 160.

[166] Zaheer, Akbarand Venkatraman, N. , "Relational Governance as an Interorganizational Strategy, An Empirical Test of the Role of Trust in Economic Exchange [J] . *Strategic Management Journal*, 1995, 16 (5): 373 – 392.

[167] Zahra, S. A. , "A Theory of International New Ventures: A Decade of Research" [J] . *Journal of International Business Studies*, 2005, 36 (1): 20 – 28.

[168] Zeithaml, V. A. , L. L. Berry and A. Parasuraman, "The Behavioral Consequence of Service Quallity" [J] . *Journal of Marketing*, 1996, 60 (2): 31 – 46.

[169] Zimmerman, M. A. , Zeitz, G. J. , Beyond Survival: Achieving New Venture Growth by Building Legitimacy [J] . *Academy of Management Review*, 2002, 27 (3): 414 – 432.

[170] Zollo, M. and Sidney, G. W. , "Deliberate Learning and the Evolution of Dynamic Capabilities" [J] . *Organization Science*, 2002 (3): 339 – 352.

[171] Zollo, M. and Singh, H. , "Deliberate Learning in Corporate Acquisition: Post – acquisition Strategies and Integration Capability in U. S. Bank Mergers" [J] . *Strategic Management Journal*, 2004, 25: 1233 – 1256.

[172] Zucker, L. , Organizations as Institutions. In S. B. Bacharach (ed.),

Research in Sociology of Organizations [M] . Greenwich, CN: Jai Press, Zucker, L. G. , 1983.

[173] Zucker, Lynne G. , "Production of Trust: Institutional Sources of Economic Structure, 1840 – 1920" [J] . *Research in Organizational Behavior*, 1986 (8): 53 –111.

[174] Bourdieu, P. , The Forms of Capital, in: A. Halsey, H. Lauder, P. Brown & A. Stuart Wells (eds.) *Education: Culture, Economy and Society* [M] . Oxford: Oxford University Press, 1997.

[175] Zukin, S. and DiMaggio, P. , *Structures of Capital: The Social Organization of the Economy* [M] . Cambridge: Cambridge University Press, 1990.

后　记

读书是多么美好。

有几天空，我回到母校南开大学，在图书馆找了一个位子修改起这本书稿。看着图书馆落地窗玻璃上的自己、映射进来的美丽校园和三三两两走动的人群、映射上去的排排书架以及正在阅读的老师和同学，我惊叹自己的"进步"，我完全融入其中。

就是这个环境，诱导我走入"歧途"，一个创业者向大学老师的角色转换。小时候，家境窘迫，我能想的是读书改变命运。当我从浙江师范大学毕业、分配到中学教书时，我觉得光读书还不足以改变生活，当时对创业有很大的兴趣。当几个玩得很好的大学同学找我商量如何摆脱教书的穷苦生活时，我信心满满地辞了职，带着他们回到母校浙江师范大学，借了一间教室，做起母校老师和学生的生意来。起步时，卖文化衫，卖折价书，卖286、386电脑，帮助文字输入打印。因此，有机会与母校老师和同学混在一起，一起吃食堂，一起进图书馆，一起打牌打球，一起讨论国家大事。这段延续的大学生活，让我喜欢上了大学校园，大学真好。

因为爱上了大学校园的特殊生活，让我随后的几次创业迁移，都挨着大学校园。在杭州创业时，挨着杭州大学；到北京创业时，挨着中国农业大学。租房住在大学校园里，生活在大学老师中间，一起看书，一起讨论问题。读硕士，考博士，回想起来，一切好像很自然，并没有什么原因，就想混在大学校园里，混在大学老师中间。承蒙戚安邦老师和邱立成老师的厚爱，不嫌弃我是一个知识的"贫农"，收我为徒，使我有了整日读书和思考的机会。在南开大学八年时间里，我读了很多书，也思考了很多问题，并有了这本博士学位论文修改而成的书稿。不敢谈它的学术贡献，却让我发现，创业者回归大学校园，可以做一件非常有意义的事：基于实践进行理论思考，传承经营管理思想。

读书，是快乐的！因此，我要感谢我的硕士导师戚安邦教授，他总是那么热情并感染着我，不经意间让我读完硕士。

读书，是快乐的！因此，我要感谢我的博士导师邱立成教授，他是一位思想深邃的老师，与他交谈中会有一种原生读书的冲动，让读书在快乐中前行。

读书，是快乐的！因此，我要感谢我的师长兼挚友刘玉满教授，他总是那么乐观，经他一鼓励，再难的事情也不觉得难了。

读书，是快乐的！因此，我要感谢我的创业伙伴黄中伟教授，他读书总是能读出很多做人、处世、做生意的道理，让我感觉读书并不是在读书，而是在生活。

读书，是快乐的！因此，我要感谢我的妻子，因为她喜欢我读书。

读书是多么美好，读书改变了我，改变了我的生活。

游锡火

2018 年 1 月